U0016385

寫給
忙碌父母的
育兒百事

BEST

1OO

一本搞定，專家認證有效，對孩子最重要！

加藤紀子／著

蕭嘉惠、黃瓊仙／譯

本書網羅了全部的最佳育兒術！

● 如何讓孩子「喜歡書本」？

● 什麼是有效的「稱讚方式」「責備方式」？

● 孩子的最佳睡眠時間是幾個小時？

● 與其責備孩子「去看書」，不如跟他一起共讀

● 每天安排固定時間「唸書給孩子聽」

● 要提點孩子時，簡單「一句話」就夠了

●「扮家家酒」遊戲能提升孩子的語言能力

● 事先想好許多「問題」

● 透過神奇生物記名遊戲，訓練「記憶力」

● 孩子玩「遊戲」停不了手時，該怎麼辦？

●「公平」對待孩子

● 利用「感恩瓶」蒐集感謝

● 仰賴家人的「同心戰力」

● 不跟「其他孩子」比較

● 確保孩子的「發呆」時間

● 家裡「每個角落」都擺書

● 養成寫「3 行日記」的習慣

● 讓孩子每天開心地接觸「英語」

● 家裡不能養「寵物」時怎麼辦？

● 善用百圓商店的「獎章」

● 在家裡的「自由空間」看書

● 每天喝 2 杯牛奶

● 透過親子「下廚」培養孩子的五感

序 嚴選「對孩子最好的事」

　　我育有一兒一女，除了教養孩子，同時也在雜誌《PRESIDENT Family》、網站「ReseMon」「Diamond Online」等多家媒體撰寫與教育有關的文章，或是負責企畫、製作相關的單元。

　　我也採訪了在各個領域表現卓越的孩子，以及他們的家人、學校、補習班、學習營隊的老師和學生，還有位居研究最前線的大學教授，因此有機會聽到這些人的真實故事，且親自在現場驗證，因此能跟大家分享最新資訊。

　　包括我本人在內，當今關心教育的人士都有下述共同的看法：「**現代父母身處於『育兒資訊』過度氾濫的環境中**」。

　　在網路世界裡，有太多人發表了許多奠基在個人經驗基礎上的成功案例或建議，而雜誌、書籍、教育等媒體也推出以「○○家的祕訣」「╳╳媽媽的智慧」為標題的報導或文章。

　　以前我們僅能從自己的祖父母、親戚或鄰居獲得與教養有關的資訊，然而現在則可以從全國，甚或是全世界取得相關資訊，因為當今已是資訊氾濫的時代，情況變成這般也是無可奈何。

因應瞬息萬變的時代所誕生的「全新育兒教科書」

此外，2020 年春天開始實施的《小學新學習指導要領》中，涵蓋了「創造力」「表達力」「主體性」等的「非認知能力」（無法透過考試測得的能力）元素。

為了現代孩子的未來，大家認為培養孩子具有**「獨立面對問題的能力、與同儕合作思考解決對策與解決問題的能力」**，比養成孩子「正確解答課題的能力」還重要，而且非認知能力被視為是培養前者能力的基礎。

基於這樣的趨勢，學校或補習班逐漸開始讓學習的型態變得更為多樣化。

為了因應這樣的時代潮流，本書把重點擺在**「面對未來世界必備的能力」**，並以此為基準來架構內容。

從龐大的「研究成果」中，尋找最有用的資訊

在以心理學、教育學、精神醫學、腦科學為首的各個學術領域中，一直以來對於「該如何讓孩子保有其與生俱來的能力，又能促進其成長？」的課題，進行過無數的研究。

儘管已有家喻戶曉的共同說法，但不見得適用在所有孩子身上，而且常常有顛覆舊常識的新研究出現。

儘管如此，在你為教養的事傷腦筋或感到不安、擔憂的時候，**前人所留下來的龐大研究成果**，不失為讓你有所倚靠的強心劑。

然而很遺憾地，充斥於世上的資訊實在常有魚目混珠的情況出現。雖然有許多資訊是站在孩子的觀點上，真心為孩子著想，但另一方面也有不少資訊會造成孩子過度負擔，阻礙孩子的成長，像這種純粹以大人為主的想法或以大人為優先的觀點，並沒有顧慮到孩子的感受。

　　看著時間一分一秒地流逝，在這個有許多父母會擔心**「我到底該讓孩子學習什麼才好」**的時代，是不是該有人站出來將這些氾濫的資訊重新整理呢？我不是教育專家，也不是媽媽界的權威，但因為如此，是不是更能以一般父母的觀點整理出淺顯易懂、客觀有用的資訊呢？

　　基於這個想法，我執筆寫了這本書。

以「3 個 OK」為原則，人人都可輕鬆展開閱讀的最佳具體對策

　　本書嚴選最佳的「100 個方法」，從促進「溝通力」「自我肯定感」「創造力」等非認知能力養成的方法，到「家庭學習」「遊戲」「才藝」「讀書」「飲食」「運動」「睡眠」等領域也涵蓋在內。

　　尤其著重於**「該培養孩子哪種行為習慣才是最重要的？」**提供在無壓力中養成孩子行為的方法，以及提出**「父母或身邊的大人該如何做」**的具體對策，書中的每個祕訣全都可以讓你現學現賣。

請遵照以下的「3 個 OK」原則，放下肩膀的重擔，心情愉悅地開始閱讀吧。

① 從哪 1 頁開始閱讀都 OK

你不需要從頭依序閱覽本書。可以從六大項目中，只挑選喜歡的部分閱讀，或者是瀏覽目次，單純閱讀你感興趣的單元也沒關係。閱讀方法隨個人喜歡。

② 不用全部方法都照做也 OK

本書的方法不需要全部都照做。比方說「孩子現在是惱人的反抗期，是否要改變對待方式？」或「孩子看起來似乎很不安，我是否該跟他溝通看看？」等問題，請配合孩子當時的情況，找出適當的方法實踐即可，因為孩子時刻都在改變。

③ 沒有立即見效也 OK

育兒沒有所謂的萬能魔法。本書的方法也可能因孩子個性不同或當下狀況而有行不通的時候。不過，千萬不要慌，只要堅持下去，耐心以對，或是參考本書的其他做法，嘗試使用別的方式來改善。

當孩子沒有改變時，不妨反向思考：「難不成是這樣？我的孩子不適用於一般的方法，看來他會是個大人物。」

對象以「3 歲兒～小 6 生」為主，但其實所有年紀都適用

本書是以 3 歲兒至小 6 生為假想對象而撰寫的，不過國中以上的孩子也適用。

我家有兩名高中生，在寫這本書時我就有這樣的想法：「如果我能早點用在他們身上該多好（淚）。」但同時**我也深深覺得：「很意外地，這些方法其實我的孩子仍舊適用。」**

所以不要認為「我家的孩子來不及了」，如果能讓更多的父母、跟孩子有關的人士閱讀本書，我會非常開心。

希望透過本書，讓您的教養生活更輕鬆愉悅。

目 次
CONTENTS

SECTION 2

如何養成思考力？

盡可能增加小孩「思考的機會」

SECTION 3　如何產生自我肯定感？

打造一顆善於適應變化的「堅強之心」

SECTION 4　如何擁有創造力？
大量「刺激」靈活的大腦

SECTION 5 如何培養學力？
利用有效的回饋，引出孩子的「幹勁」

<table>
<tr><td>SECTION
6</td><td>**如何培養體力呢？**
透過「營養與運動」，強化大腦及身體</td></tr>
</table>

如何培養溝通力？

盡早讓孩子享受「語言浴」

COMMUNICATION

METHOD 01 跟孩子「對話」

⇨ 透過提問、反駁，培養思考力

　　以美國智庫、布魯金斯研究所和紐約科學學院為首，全球教育機構認為 21 世紀最重要的技能是**「對話能力」**。

　　透過對話能創造出每個人的強項，也可以一邊互補智慧，又能催生新點子，這正是未來時代需要的能力。

　　大家都知道，Google、Facebook、星巴克等企業的創辦人，還有**充滿創業家精神的猶太人都是「好議論」之人**。箇中理由就在他們視為教科書的《塔木德》裡。

　　全世界的領導階層人物對於《塔木德》有各種解讀角度，猶太人更是將討論這本書當成重要議題看待。據說，透過這樣的對話，**能培養對事情的多面向觀點及批判思考力**。

　　此外，根據《PRESIDENT Family》針對 173 名東大生所做的問卷調查也顯示，有 9 成的家庭會善用「用餐」「移動」（接送）、「洗澡」等時間，讓親子確實溝通、交談。家族對話是奠定高度學習力的基礎。

✔ 如何培養「對話能力」？

每天 10 分鐘，傾聽孩子說話

每天安排讓孩子可以安心說話的時間。在忙碌的平日，我們常會用命令的語氣指示孩子做事，這樣根本無法營造出雙向溝通。

孩子說的內容再怎麼無趣，只要以關心的口吻對孩子說：「喔，是這樣啊！」孩子就會主動對你說更多話。

關掉手機電源

最近大家常見到即使是用餐時間，每個人都還是專注地盯著自己的手機看，雖然人坐在餐桌前，彼此之間卻沒有交談。**為了保有交談時間，要毅然決然地關掉電源**，自然就會增加對話。

提問 5 次

范德比大學教育學系的大衛 · 迪金森教授（David Dickinson）提倡「5 次問答」的方式，在跟孩子對話時，不要只問 1 個問題，然後說「這樣啊」就結束了，他建議要多多提問，讓孩子有說話的機會。

對孩子提問時的重點就是要讓孩子多開口說話，所以不要提問只回答是或否就可以結束的問題，以「為什麼」「是什

麼」「什麼樣的」「該如何做」「如果呢」等問句來詢問，交談就能持續。

比方說，「今天在學校是不是發生了什麼開心的事呢？」「今天下大雨，同學們都怎麼來學校呢？」以這種方式問孩子，孩子比較容易開口說話。

為什麼？

怎樣的？

要怎麼做？

透過「提問」，引導出孩子的話

別忘了「讚美」

以同理心去感受孩子，孩子就會**覺得安心，願意把心裡的話全部說出來**。要稱讚孩子的意見，對他說：「很棒啊！」

要大膽「反駁」

不過，只是一味「稱讚」孩子，他們最後會變成只聽好話，容不下不同意見的人。所以有時候表示認同而稱讚孩子，但有時也要直接說出你的反對意見。

這麼做絕對不是要你批判孩子的意見。而是**透過傳達不一樣的見解，讓對話更深入。**

METHOD 02 培養「傾聽力」
⇨ 與學力有關的重要能力

　　因為社群網站等虛擬溝通管道的普及，所以能好好聽眼前人說話的機會也變少了。不過，**「傾聽」是為了專注聽別人說話，深度理解對方的重要技能**。當孩子擁有「傾聽力」，就能培養出以下各種能力。

- **學習力**：能出現「傾聽 → 理解 → 開心 → 想知道更多 → 傾聽」的良好學習循環效果。
- **表達力與辭彙力**：在孩提時代，孩子對於聲音相當敏感，但這份敏銳會隨著成長而消失。如果從小就培養孩子的傾聽力，孩子會透過耳朵掌握新的表達方式與辭彙，讓學習更精進。
- **專注力**：心平氣和地傾聽對方說話，可以培養專注力。
- **忍耐力**：不會中途插嘴，也不會忽視對方發言，能夠專心傾聽，就可以培養忍耐力。
- **同理心**：孩子很希望別人能懂自己的心情，但是卻不擅長理解對方的想法，透過傾聽習慣的養成，能培養孩子去理解別人的同理心。

✔ 如何培養「傾聽力」？

父母看著孩子的臉，傾聽他們的發言

　　孩子說話時，大人不要背對著，而是要與他面對面，看著孩子的臉來傾聽。譯為 22 國語言的名著《教養的初心》作者桃樂絲・諾特博士說：「孩子的學習是以雙親為榜樣。**父母每日的生活樣態，對孩子的影響力最大。**」

　　孩子會看著大人聽自己說話時的姿態，來學習自己在跟人說話時該有什麼樣的態度。

「說給孩子聽」

　　快樂的共讀時間是讓孩子「傾聽能力」更加成長的好機會。從圖多、句短的繪本開始為孩子朗讀，再隨著孩子年紀的增長，選擇圖少、字多、句長的繪本跟孩子共讀。

跟孩子玩「傳話遊戲」

　　這就好像在玩傳話遊戲般，媽媽可以先跟孩子說話，然後讓孩子告訴爸爸剛剛傳話的內容，孩子會玩得很入迷。當孩子正確傳話時，別忘了稱讚他。

使用「心智工具」

　　知名的兒童學習心理學專家艾蓮娜・波多洛瓦（Elena

Bodrova）和狄波拉・里奧（Deborah Leong）針對沒有在家庭中培養出「傾聽力」的孩子，開發了 1 套名為「心智工具」的程式。這個程式讓孩子透過「視覺」引導其行為。

比方在閱讀繪本時，「負責朗讀」的孩子將畫了「嘴巴」圖案的紙擺在自己面前，其他孩子手上則**拿著畫了「耳朵」圖案的紙張，提醒孩子現在自己是傾聽者，而非說話者。**

學校或幼兒園使用這項工具培養孩子「傾聽力」時，不僅能讓孩子融入其中，除了培養傾聽力，也能提升孩子的自制力及學習力。在家裡，親子共讀時間或對話時，不妨善用這項工具。

使用圖畫，練習「傾聽力」

聽孩子說話

⇨ 不要否定孩子，引出他心裡的話

　　聽在大人耳裡，總會覺得小孩說的話不曉得重點在哪裡，既不有趣，也沒邏輯。如果能無條件傾聽孩子說話，不管是他說今天跟誰玩了，喜歡吃的食物或愛看的書是什麼，抑或是他天馬行空的幻想，**只要你願意傾聽，就能讓孩子有安全感，覺得安穩有自信，並感受到被認同的喜悅。**

　　傾聽孩子說話，會讓孩子覺得「說話是開心的事」「說出來以後覺得心情放鬆」，他們就會想說更多。這樣也能培養孩子豐富的表達與辭彙能力。

　　東北大學川島隆太教授是大腦功能開發專家，他從 2010 年起花了 7 年時間，針對住在仙台市的 7 萬名國小、國中、高中生進行追蹤調查，發現回答「家人會專心傾聽我說話」的人，他們的學習力較高。大人若能用心傾聽孩子，會影響其學習能力。

✔ 如何傾聽孩子說話？

　　在芝加哥大學、威斯康辛大學任教的美國臨床心理學大師

卡爾・羅傑斯博士提倡**積極傾聽**。

羅傑斯博士從他眾多的親身諮詢案例中，列舉出傾聽者（傾聽、用心聽）必備的 3 個重要元素——**「① 同理心」「② 無條件的肯定式關注」「③ 自我一致」**。

這些名詞聽起來很專業、陌生，以下說明，讓大家更清楚易懂。

感同身受（①）

孩子說話時，**要站在他的立場去感受與傾聽**。當孩子說「好累」時，要再重複孩子的話「很累吧」，或是回應說：「嗯」「這樣啊」，彼此要有來有往。

不要否定（②）

這時候的主角畢竟是發言的孩子，大人要留意不要弄錯立場。因此，不要以「我覺得○○做比較好」「不要做╳╳」等大人意見加諸在孩子身上，**你的提問要盡量簡潔，不要改變話題**。

就算孩子說的內容有誤，也不要用「可是」「不過」等否定詞回應，要肯定他說的話。即使孩子做錯了什麼，不要一開始就否定對方，**請站在他的立場去感受，再說出你的意見或建議**，孩子比較能接受。

不斷確認他的說話內容（③）

孩子說話時，若有聽不懂的地方卻聽過就算了，他們會覺得你「沒有認真在聽他說話」。有不懂的地方就提問，確認詳細的內容。

為自己保留傾聽孩子說話的「時間與心情」

當你因壓力或過度勞累而覺得焦慮、疲憊時，就算孩子跟你說話，態度可能也是漫不經心。

希望能認真傾聽孩子說話，大人也必須要為自己打造輕鬆的身心狀態。

比方說因工作忙碌、**疲累時，就買現成的便當或外出用餐**，盡量為自己製造放鬆的時間。

為了能夠「傾聽」，大人也要保有放鬆的時間

METHOD 04 跟孩子玩「扮家家酒」

⇨ 透過遊戲，培養多樣能力

發展心理學權威李高・維高斯基把扮家家酒定位為**「促進認知能力、感情發展、社會能力高度發展的遊戲」**。

玩扮家家酒的孩子可以透過化身為角色或主角，培養自己的**專注力、記憶力、自我肯定的自信感**。

提升「語言能力」

遊戲時，孩子要自己想台詞，所以也能培養他們的計畫能力及創造力。

同時，在過程中大腦會一邊出現各種想法，孩子要自行分配角色，藉此可以讓溝通能力更加活潑，發展協調性及自制能力。

范德堡大學語言學家迪金森教授發現，**常玩扮家家酒遊戲的孩子，1 年後語言能力會有顯著提升**。

❤ 如何讓孩子開心地「扮家家酒」？

準備小道具及空間

　　事先準備好扮家家酒等各種遊戲需要的道具或空間，讓孩子可以假裝媽媽、醫生、商店等，**這樣能讓孩子更容易進入遊戲世界裡**。

　　隨著年紀增長，也可以讓孩子利用身邊的空箱、布、繩子等材料，讓他們開始親手製作小道具，慢慢培養創造力。

大人也一起「徹底融入」

　　陪玩扮家家酒的大人若能融入且樂在其中，孩子會玩得更開心。

　　大人可以主動飾演角色，假裝自己在進食，對孩子說：「接下來請○○小孩吃」，讓孩子模仿自己的動作，剛開始玩時要由大人協助進入情境。

　　如果玩醫生扮家家酒，你就扮演病患；如果是商店家家酒，你就充當客人。**大人當配角，由孩子主導劇情的發展，這樣孩子就會多多發言**。

不要阻擋孩子的想像力

　　孩子的世界觀跟大人所想像的不同。不要勉強糾正，好好跟孩子的世界觀和平共處。

家長因為家事，要中途停止遊戲時，不要對孩子說：「媽媽必須去做飯，今天就玩到這裡。」在不破壞孩子世界觀的條件下，對孩子說：**「我要出門一下，你就跟朋友（玩偶）一起開開心心煮菜吧！」**這樣就能在不打斷孩子專注力的情況下，繼續開心地玩。

我把錢包放在家裡，回去拿再過來！你們就先吃吧！

要提前離開時，也不要破壞孩子的想像世界

「觀察」各種情況

　　孩子的每天所見所聞或真實經驗會直接反映在扮家家酒遊戲中。

　　去看醫生時，他會留意到**「該如何使用聽診器」**；去超市時，他會觀察店員如何結帳。如果大人透過對話，引導出孩子的好奇心，並跟他一起關注日常生活情景，可以培養孩子的觀察力。

重視「肌膚相親」

⇨ 有益大腦和心靈的「溫柔刺激」

肌膚相親是減輕孩子壓力、安定情緒、培養自立精神的基礎。肌膚相親會**促進名為「催產素」的大腦愛情激素分泌**。

在孩提時代讓孩子擁有容易分泌出催產素的大腦，就算他們將來長大了，依舊會對他人產生信賴感與安全感，能與周遭人建立溫馨的人際關係。

而且，這同時**能提升記憶力、學習效果、增強抗壓性**。

「皮膚」刺激會對大腦產生良好的影響

根據 2018 年日本知名網站千趣會（Belle Maison）的調查得知，比較有肌膚相親經驗的家庭與未曾有肌膚相親經驗的家庭，發現**保護者對「家庭羈絆」的感受度，前者會比後者加深大約 3 倍**。

然而很遺憾地，約半數孩子在 12 歲以下的保護者表示，進了小學以後覺得「肌膚相親的機會變少了」。

櫻美林大學的身體心理學家山口創教授說，在孩提時代**給予孩子足夠的肌膚相親經驗，其效應會影響一輩子**。

皮膚又稱為「第二大腦」，**溫暖柔和的刺激會透過皮膚直接傳達至大腦**，並對身心發展帶來良好的影響。

✔ 如何與孩子「肌膚相親」？

不要拒絕孩子的需求

親子之間的肌膚相親機會愈多，孩子便會深信家庭就是他的「安全基地」。

渴望肌膚相親卻被拒絕的孩子會有不安全感，所以不要拒絕孩子，接受他的需求。

牽手

手是療癒之源。日語有個漢字寫法是「手当て」，意思是治療，這個名詞的由來是因為以前的人生病或受傷了，醫者會把手放在生病或受傷的部位，予以治療，於是衍生出治療的意思。手牽手走路或握手，手的溫度會讓人有安全感。

摸頭

當你對孩子說：「做得很好！」「很努力！」的時候，如果再摸摸他的頭，**他會感受到你的愛，且心生喜悅**。當孩子長大至愈接近青春期，親子間肌膚相親的機會隨之減少，這段期間摸頭正是讓彼此親密接觸的好機會。

拍肩或拍背

據說幫嬰兒拍背，**會讓他想起待在母親肚子時候的心跳聲，能平穩心情。**

孩子睡覺時，輕輕把手放在他的背上，並輕拍，或者跟孩子打招呼，說：「出門小心！」「你回來了！」的時候，也拍拍他的肩或背，溫柔碰觸他的身體，會讓孩子有安心的感覺。

山口教授說：「這種單點型的肌膚相親所傳達的感情**比語言還強大好幾倍。**」

擊掌

擊掌時，彼此互喊「耶」或「成功」時，會相互對看，四目交接，**就能共享超越言語的喜悅或感動。**

竊竊私語

不用勉強做這個活動，但是當孩子覺得開心的時候，可以在他耳邊玩竊竊私語的遊戲，一樣也能得到肌膚相親帶來的放鬆效果。

此外，**笑能讓傳達資訊的神經迴路「突觸」變多，提升大腦功能。**

擁抱

根據武藏野學院大學的認知神經學者澤口俊之教授所言，

經常跟孩子擁抱會讓親子關係更好，**親子經常相擁而睡，也能強健身心健康。**

此外，身為父母的人，如果小時候他們的雙親會主動擁抱他們，其中有 93.7％也會主動去擁抱自己的孩子，因為教養方式是會遺傳的。

傍晚以後做，效果更棒

副交感神經又稱為「休息的神經」，可以讓身體放鬆。櫻美林大學的山口教授認為，**在副交感神經處於優勢的傍晚以後與孩子肌膚相親，效果會更棒。**

此外，如果以每秒 5 公分的速度移動、碰觸，副交感神經會處於最優勢的狀況。當我們在撫摸重要的人或寵物時，常會無意識地以這樣的速度移動我們的手。山口教授建議**使用整個手掌來撫觸效果最棒。**

傍晚到晚上時間肌膚相親的效果最棒

責備

⇨ 指責的話語要具體簡潔

不要過度責備，多稱讚孩子的教育方式在最近蔚為風潮，不過，東京大學發育心理學家遠藤教授說：「**教養孩子分為『稱讚』與『責備』兩方面**，我認為有這兩項元素才稱得上是教養。」

日本江戶時代的農政家、思想家二宮尊德曾說：「教養孩子的五分原則就是讚三斥二。」這句話的意思就是「**要跟孩子叮嚀 5 件事的話，首先 3 件事要先稱讚，後面 2 件事再責備**」。

✔ 如何妥當「責備」孩子？

深呼吸

大家應該都有這樣的經驗，明明已經說了好多次了，但是孩子就是不聽話，不肯照自己說的做，最後終於忍不住大聲責備他們。

當憤怒情緒太過火時，孩子會覺得不安，他會開始想是否父母討厭自己，還是自己不被疼愛。當父母覺得快要飆出怒火

時，**請先深呼吸，穩定自己的情緒**。

盡量在只有你和孩子獨處時責備

在人前罵孩子會傷害孩子的自尊心，他會覺得很丟臉，這時候就算你唸他一堆，他也聽不進去。周遭還有其他小孩在場的時候，最好把孩子帶到沒有人的地方，再責備他。

不要否定小孩的人格

絕對不要說「你是笨蛋」「天生頭腦不好」等否定孩子人格的話，**只要指正他的具體言行**，不做人身攻擊。老是罵孩子是「笨蛋」，他真的會覺得「自己不夠聰明」，最後可能會想「再多的努力也沒用」「我是個沒有才能的人」而自我放棄。

告知具體的理由

明治大學臨床心理學家諸富祥彥教授說：「大人會對孩子說：『你知道為什麼會被罵嗎？自己好好想理由！』」這種做

大人要具體說明不能這麼做的理由

法純粹是父母想偷懶，應該要以孩子聽得懂的方式，具體跟孩子說明清楚「為什麼不能做那件事？」「下次該如何改善？」

不要跟別人比較

任何人只要被拿來跟別人比較，就會變得沒自信。尤其是被大人拿來跟手足比較時，孩子會覺得自己不受疼愛。那麼，他就會表現出過度反抗的態度，愈來愈不聽父母的話。

此外，**拿自己的小孩跟其他孩子相比時，父母本身也是很痛苦**。停止「明明○○很棒，但我的孩子卻……」的比較習慣，就會意外發現有很多時候是自己「一直責備小孩的那件事，或許根本沒那麼嚴重」。

打造「讓孩子冷靜的場所」

在歐美地區非常盛行「積極暫停」「思考時間」等可以讓孩子冷靜、引導身心健全的方法。

這個方法就是**當孩子情緒高漲時，讓孩子暫停當下的行為，讓他擁有讓自己情緒安穩的時間**。所需時間是以「孩子年齡 × 1 分鐘」為基準。

想要實行這個方法，事先要安排好讓孩子暫停的「冷靜場所」。讓孩子在事先安排好的空間裡緩和情緒，他會開始反省自己的行為或發言，甚至會想再也不犯相同的錯誤。

大聲叫孩子「去看書」完全沒有效果

根據《關於孩童的生活與學習的親子調查 2015-2016》（東京大學社會科學研究所、倍樂生教育綜合研究所）的報告，發現「愛讀書的孩子」中，有很高的比例是基於自己的好奇心或興趣等內在動機；相對地，**「討厭讀書的孩子」裡，有極高的比例是因為不想被老師或父母罵等外在動機。**

當別人強硬地提供自己意見或強迫自己按照指示行動時，人就會反抗，反而更固執己見，心理學稱這種現象為「**心理抗拒**」。愈責備他「去讀書」，他反倒愈強烈反彈，更不想讀書。諸富教授認為與其一直叫孩子去讀書，倒不如「**跟孩子一起讀，只要前面的 10 分鐘陪讀就好**」，效果很棒。

與其一直喝斥孩子「去讀書」，倒不如花點時間陪讀，效果更好

METHOD 07　培養孩子「毫無緣由的自信心」

⇨ 讓孩子變強大的重要能力

　　大家覺得自己溝通能力不好的其中一個原因是缺乏自信。人若沒有自信，就會害怕被拒絕而受傷，而不喜歡與人交往。

　　孩子也是一樣。**認為「自己這點很棒」的孩子就敢充滿自信地表達情緒。**

　　累積 20 年經驗，陪伴過高達 5 千名以上案主諮詢育兒問題的臨床心理醫師田中茂樹認為，當孩子堅持主張在父母眼中看起來不對的事情時，不要用常理來否定小孩，一定要**肯定他願意說出自己意見的那份勇氣**。

讓孩子有「被認同」的真實感

　　人生存在世界上，擁有「不曉得為什麼，就是覺得一切都會很順利」的這種**無條件相信自己的自信心**是非常重要的。

　　精神醫學稱這種信心為「基本信賴感」。當自己累積許多被認同的實際體驗時，就會產生想卸下對方心防，期待與之溝通的意願。

✔ 如何培養孩子「毫無緣由的自信心」？

坦然接受孩子的一切

當孩子「考試 100 分」「賽跑第 1 名」，你當然可以讚賞這些具體的成績，不過，因讚美而產生的自信是因為有所依據的關係。

當依據的事實消失時，這種有所依據的自信也會跟著消失。無所依據的自信並不是如上述奠基在附加條件的自信，而是因為**孩子感受到雙親坦然接受自己的一切，且無私疼愛自己而產生的。**

不要執著於孩子不擅長的事

努力克服不擅長的事當然重要。可是，如果雙親太執著於此而強逼孩子，不會讓他更有自信，反倒可能造成他的自卑感。

大人確實扮演好傾聽者的角色

孩子說話時，父母要扮演好傾聽者的角色。在傾聽時還要不斷地說：**「這樣啊！」「我懂。」**要有所回應，如此孩子就會擁有「我可以自由說出自己想法」的自信。

培養孩子重新站起來的勇氣

孩子上小學後，漸漸會拿自己跟別人比較，開始有「輸給

對方很遺憾」的情緒。

重點是在培養孩子面對失敗或沮喪的時候，有重新振作的能力。心理學稱這種恢復力為「恆毅力」（參考第 145 頁，METHOD 34：鍛鍊孩子的「心理韌性」）。

當孩子失敗時，不是拿他和其他孩子比較，而是關注他的優點，並對他說：**「你很努力！」「你很勇敢！」**肯定他，這樣就能培養孩子重新振作的能力。

你跑得很好，你真棒！

當孩子因失敗或比賽輸了而沮喪時，父母要找出他的優點，加以認同

相信孩子

兒童青年精神科佐佐木正美醫師曾經這麼說：「讓孩子有自信，他會信任願意相信他的人。然後，**他會因自己被相信而產生自信心。**」（出自《教出敢說「我喜歡媽媽、我喜歡自己」的孩子》（「お母さんがすき、自分がすき」と言える子に）。首先，**父母要相信孩子**。那麼，孩子就會相信父母，相信自己。

METHOD 08 「唸書」給孩子聽

⇨ 就算孩子不專心，也要耐心唸完

學術界已經證明唸書給孩子聽，會產生「讓心情穩定，培養語言力、想像力、情緒」的效果。

日本大學研究所認知神經科研究員泰羅雅登教授，**在調查唸書給孩子聽會活化大腦哪個部位時**，發現答案是位於大腦深處，與情緒、意願、本能有關的「大腦邊緣系統」。

泰羅教授稱這個系統為「心腦」，如果培育心腦，就會教育出**懂得恐懼、悲傷、快樂、開心等各種情緒感受**的孩子。培養心腦，大腦就能讀取各種情緒，被賦予「再嘗試一次看看吧」或「這件事不能做」等的動機，同時也會產生意願及道德感。

此外，根據大腦科學家川島隆太教授的調查，**為孩子朗讀的時間愈長，母親要承受的教養工作壓力會愈低**。

至於孩子方面，透過父母的共讀，除了語言能力會增強，不聽話或反抗等的問題行為也會減少。

像這樣的共讀，可以培育孩子心靈，讓親子心靈交流，建立穩定的溝通關係。

✔ 如何為孩子「朗讀」？

安排好時間，把它當成每天的工作

將每天晚餐後、沐浴後或睡前時間安排朗讀時間，**先決定好時間，且把這當成每天必做的工作**。童書一下子就能讀完，就算家事多忙，如果選擇短篇幅的繪本，只要休息 10 分鐘，也能陪讀完 1 至 2 本。朗讀時間一到，就跟孩子一起沉浸在書的世界裡，盡情享受這段時光。

選擇安靜的環境，保持愉悅的心

為了讓孩子集中精神，請關掉電視或音樂聲。有的孩子無法安靜聽到最後，大人也不要焦急地中斷朗讀，**要有耐心地跟平常一樣唸完**。

就算孩子因其他事情而分心，就算他背對你還是把書唸完。

就算孩子分心，也不要在意，把書唸完

口齒清晰、慢慢唸

若希望孩子能仔細品味他聽到的字句與抑揚頓挫，還有豐富其想像力，請仔細且清楚地朗讀。

同 1 本書反覆朗讀也行

孩子如果喜歡某本書，他就會想一直看這本書，這看在大人眼裡會覺得很不可思議，但對孩子來說，每次都是全新的體驗，每次再重新朗讀 1 次，孩子會憑自己的能力去發現新事物。

不要把識字當成目的

唸書給孩子聽，同時又要逼孩子認識字的話，**他反倒會討厭閱讀，這就本末倒置了**。大人請記得與孩子共讀的根本目的是為了讓孩子體驗並記住閱讀的樂趣。

上小學後也可以繼續唸書給孩子聽

也許大家會認為最佳共讀時間是嬰兒期至 5 歲，而以為孩子讀小學後再為他朗讀就太遲了。

可是，根據美國暢銷書《朗讀手冊：大聲為孩子讀書吧！》的作者吉姆・崔利斯所言，**孩子在 13 歲以前，「聽力」是優於「閱讀力」的**，他會透過模仿聽到的話語來培養語言能力。

朗讀對象不是只限於讀繪本而已，就算孩子已上小學，如果能透過為孩子朗讀，**讓孩子學習新字彙，對各種事物感興趣或抱持關心的話，也可以豐富他的感情。**

　　泰羅教授說，想讓掌管學習、思考、語言等與大腦高度功能有關的「大腦新皮質」發育健全的話，首先必須讓位於大腦深處的「心腦」發育健全。

　　為孩子朗讀能讓兒童腦深處的「腦幹」發育完全，就算小孩上了小學再共讀也一樣有高成效。

選書方法

　　如果是繪本，在書店選書時，盡量不要被色彩鮮豔的外觀所迷惑。就算是黑白配色的書，在朗讀時孩子會自己想像、塗上顏色，市面上也有許多流傳多年的黑白配色名作。

　　若覺得要選到好書很難的話，可以採取定期訂閱的方式，或者利用介紹繪本網站先試閱，參考網路的評價或感想來選書。

　　如果要定期訂閱童書，日本有針對 0 歲到小學 6 年級的學生的蠟筆屋（Crayon House）的「繪本書櫃」和繪本 Navi 的「繪本俱樂部」可參考。

METHOD 09 度過「愉悅的週末」

⇨ 透過週末交流，讓孩子接觸多樣化價值觀

往後的時代會愈來愈全球化，各個國家的人們勢必得通力合作，一起面對各種課題。為了培養**孩子與他人交流合作的能力**，讓孩子見識與習慣各式各樣的人或情境非常重要。

尤其是孩子跟家人、親戚等各種大人往來、交談時，正是讓他學習多樣化價值觀的寶貴機會。

只要為孩子安排快樂的週末或假日時光，就能擁有上述效果。親子可以悠閒地在家度過，大人也可以跟孩子一起做家事，或者跟其他大人交流、談天，**製造讓孩子體驗跟平日學校生活不同情境的機會**。

如此，孩子就能從各種交流體驗中，培養出跟任何人都能融洽相處的能力。

✔ 如何製造「愉快的週末」？

以玩遊戲的心態，跟孩子一起做「家事」

大人用玩遊戲的心態跟孩子一起打掃、下廚。如果一起打

掃，可以把當成廚餘丟掉的茶渣（撒在玄關的地上，可以吸附灰塵）或橘子皮（刷洗水槽或地板）、洗米水（用抹布沾洗米水擦地板，有塗蠟效果）當成天然清潔劑使用。

利用每月出版的 cookpad《料理繪本》（おりょうりえほん）等書籍，親子一起下廚，加深孩子對食物的興趣和知識。

如果**有家庭菜園，可以一起翻土、開心聊天**。利用陽台或寶麗龍箱做成的小田園，也能栽種各種蔬菜。

跟孩子一起開闢家庭菜園的話，可以參考《蔬菜種植與養育方法》（やさいのうえかたそだてかた）之類的繪本，孩子會更容易融入。

去公園玩

去附近的公園也行，但如果想走遠一點，**有的公園可以讓人爬樹或升火，玩一些冒險遊戲**。也可以邀請朋友全家同往，接觸不一樣的大自然環境，就能聊聊跟平日不一樣的話題。

關於可以玩冒險遊戲的公開資料，在特定非營利活動法人日本冒險遊戲場所協會的官方網站有詳細記載（http://bouken-asobiba.org）[*]。

---

[*]編按：台灣讀者可參考「還我特色公園行動聯盟」（特公盟）網站，查找特色公園：http://ppfcc.org/。

參觀博物館或美術館

許多博物館或美術館孩童都可免費入場。絕對不要有「帶孩子去參觀博物館或美術館，會不會太深奧了」的先入為主想法。

就算孩子不知道作品的背景，**他也會用自己的感性去欣賞作品**。這是可以看見真正作品的寶貴機會，能夠擴展孩子的視野（參考第 217 頁，METHOD 54：接觸「藝術」）。

參加社區的活動

可以透過地方政府的宣傳海報或雜誌、公布欄、網站，確認慶典、跳蚤市場等各種活動的舉辦時間。

帶孩子逛跳蚤市場，協助孩子出價、擬定銷售金額上限，學習算錢，**大人可以陪同，能讓孩子體驗真正的買賣過程**。

利用婚喪喜慶或法事場合，讓孩子跟親戚互動

現在的孩子少有機會出席婚喪喜慶，許多孩子不懂喪禮與法事的不同之處。讓孩子參加婚喪喜慶場合，可以讓他接觸習俗及傳統文化；**跟親戚往來也可以擴展孩子交流的年齡層，是非常寶貴的機會**。

父母也一起快樂交流

透過孩子而認識的爸爸友或媽媽友，可以增加教養的「知

識寶庫」。若覺得只有夫妻兩人跟孩子共度週末時光太無聊，如果有爸爸友、媽媽友一起參加，就**可以善用每個人的興趣或擅長之處，增添歡樂**。

父母要事先把孩子在家聊天時常提及的朋友名字記住，如果有活動等的交流機會，父母可以試著跟孩子的朋友聊天，拓展交際圈。

METHOD 10

解讀孩子的「肢體動作」

⇨ 接收身體所傳遞的訊息

　　語言是溝通交流的重要手段之一，可是，有時只依靠語言是無法充分表達想法的，尤其是對那些說話還不太流暢的小孩來說，他們都是靠表情或肢體動作來表達情緒。因此，**觀察小孩的肢體動作就變成大人理解他們內心的重要線索**。

　　法政大學發展心理學家渡邊彌生教授說：「注意孩子的肢體動作，並對照其特徵做出以下的適當回應，相當重要。」

✔ 解讀孩子的「肢體動作」後，父母該怎麼做呢？

孩子頻繁地眨眼睛、發出鼻音、聳肩 → 調整生活規律

　　這或許是一種名叫「抽動症」的症狀，與小孩本人的意願無關，身體會非自主性地做出動作。學童期的小孩約有 5% 會發病，男女相比，男生人數較多。在小學入學時期發病的比例高，發病原因可能是腦內的多巴胺神經系統旺盛所造成。

　　只要早睡早起、調整生活規律，並放鬆心情，據說大部分

的小孩都能在 1 年內自然痊癒。**如果想強行壓抑症狀，有時反而會導致病情惡化**。假如症狀持續了很久，請找醫生諮詢。

孩子常常自己 1 個人獨處 → 父母主動陪孩子玩

假使小孩老是自己 1 個人玩耍，有時可能是因為想跟朋友一起玩卻無法順利開口表達，或者是不知道該如何跟朋友一起玩。

因為不知道該怎麼做，所以**無論父母對他們說再多次「你要多去找朋友玩」，小孩還是做不到**。

這時候，父母應該主動開口說「我們一起去玩吧」，**並帶著小孩一起進入朋友圈裡玩耍，示範給他們看**。這麼一來，小孩便會心想：「原來只要照這種方式做就行了嗎？」然後模仿父母的做法，知道以後該如何開口找朋友玩。

此外，像是球類遊戲或桌遊等等，只要讓小孩體會到與朋友一起玩耍的樂趣，而非自己玩，他們便會自然而然開始想找朋友玩。

父母主動跟著一起走入
小孩的圈子裡

小孩出現問題行為 → 讚揚他們的良好表現

當小孩完全把父母的責罵當成耳邊風，並頻頻做出問題行為時，有時候其實隱含著想吸引父母關注、希望試探父母的真實心聲。

在這種時刻，**父母不要張口就罵個不停，而是用簡短的語句嚴肅地提醒**。而後，當小孩能不闖任何禍、表現良好時，父母也要給予關注，並開口說「好厲害，你做得真棒」。

只不過，當小孩做出會導致自己或旁人受傷之類的嚴重問題行為時，**父母則必須好好正視小孩的臉，並以嚴肅、認真的聲音及態度提醒他們**。

小孩無精打采，有氣無力 → 透過做家事，讓他們體會小小的成功滋味

失去活力的小孩會把失敗的原因歸咎到自己沒能力，而且有許多小孩深信「不管再怎麼努力也沒用」。這種時候，**可以讓小孩幫忙做些小家事**，例如把洗好的衣服摺好、把餐具擺到餐桌上，**讓他們體會到小小的成功滋味，然後父母再衷心地說「謝謝」，表達感激**，藉此讓他們喜歡上努力的感覺。

肚子痛、頭痛、早上爬不起來 → 首先先找醫生諮詢，如果沒有問題，就不急著解決

當小孩表示自己身體很不舒服的時候，首先是帶他們去

看醫生。倘若他們的不舒服並非醫學上能明確指出的疾病或症狀的話，原因或許是來自壓力。這時，**不管是急著解決這種情況，或是大人自行找兇手究責，都只會平白增添小孩的壓力**，所以，父母應該若無其事地表達「我們隨時都很樂意陪你們談談，所以不管有什麼問題，都可以跟我們說喔」，然後耐心地在一旁守護。

METHOD 11 把話「清楚明確」講出來

⇨ 哪種表達方式才是最恰當的？

　　大人愈是拚命主張「你要乖乖聽話」，小孩子就愈會固執地抗拒。

　　結果，造成連大人也陷入情緒激動、開口跟著回嗆的狀況，這樣不但原本想跟小孩說的訊息沒法傳達，**還反而引起他們的反感，最終只會以傷害小孩的自尊心**收場。

　　話雖如此，該說的話還是必須清楚明確地講出來才行。這時候，當父母的人如果能事先知道**有效傳達訊息的技巧**，親子雙方的壓力就會減少，也更容易建立起相互尊重的關係。

　　兒童心理學家漢恩・吉諾特博士（Dr. Haim G. Ginott）是研究大人與小孩的對話方法的先驅者。美國兒童心理學家安戴爾・法伯及依蓮・馬茲麗許跟在他身邊學習，同時花費了10 年以上的時間，舉辦了許多以親子為對象的研討會。

　　只要利用以下 5 種技巧，就能以更有效的方式把訊息傳達給孩子。《怎麼說，孩子會聽 vs. 如何聽，孩子願意說：協助親子改善溝通、創造良好互動的六堂課》一書作者說，這些技巧能營造讓親子願意互相拉近距離的氣氛。

✔ 該怎麼把話「清楚明確」地講出來呢？

照「事實」陳述

當小孩因為粗心大意、惡作劇或偷懶、蹺課，而發生某些不好的事，大人就會不自覺開口說：「要我說幾遍，你才聽得！？」「你真沒責任感！」「你沒資格做○○」。

可是，這時候大人應該要改變說話方式，不要那樣說，而是**只針對現實中發生的事，照實說出來**。

因為小孩一聽到自己的錯誤被指摘出來，便容易心生反

不要斥責孩子，而是照事實說

抗，所以**大人如果照實說，引導小孩去思考自己該怎麼做**，反而比較有效。這是由於小孩聽到大人具體說出現實情況後，會想自己去找出解決問題的辦法。

提供「資訊」

責備的語言是多餘的。用「如果你能幫個忙，我會很高興」「不整理冰箱，東西會放到壞掉」的說法，把「將現在做的事情會帶來怎樣的好（或壞）結果」當成資訊，告訴小孩。

用「一句話」說完

如果是每天都會重複發生的事，像是襪子脫了亂丟、無法遵守規定，與其朝小孩嘮叨地唸一大串，不如用「〇〇，你的襪子！」「玩球去外面玩！」之類的俐落果決的說法，反而比較有效。

吉諾特博士說：**「想要說得理直氣壯，就必須簡潔有力。」**

講出「心情」

「我不喜歡」「我覺得很傷腦筋」「我覺得焦躁」當大人想要誠實表達情緒時，採用留言方式會比較容易傳達。表達的訣竅，是**具體講出自己在那個當下在意的是什麼，以及為何會出現那樣的情緒**。大人也能同時藉由這個方式，讓小孩逐漸明白該如何表達自己的心情。

請參考下列範例。

「媽媽很忙，所以找你們來幫忙，結果卻沒有半個人願意來幫我，這麼一來媽媽當然會想生氣啊。」

「爸爸因為要加班，來不及準備晚飯，覺得很傷腦筋。你可以幫爸爸削紅蘿蔔皮嗎？」

寫下「留言」

當大人不管說了多少次，小孩都聽不進去的時候，就會感到很疲憊。這時候，寫下來給小孩看有時會比較有效果。

把自己想表達的訊息寫在紙上，貼在與內容相關的地方。

大事不好了
媽媽有危機！
徵求小幫手！

・收拾桌子
・洗平底鍋
・拖地

如果說累了，就寫成留言貼出來吧

METHOD 12 當孩子吵架、打架時的「調解人」

➡ 吵架、打架也能成為學習的機會

　　心理學家茱蒂・哈里斯在 1995 年榮獲美國心理學會頒發喬治・米勒獎。她反對兒童的成長取決於父母與家庭的觀點，也就是所謂的「教養神話」，並且以確切的證據，證明了兒童會在各式各樣的團體中自己主動學習，也深受到外面世界的巨大影響。

　　根據哈里斯所述，**兒童的人格形成，會大幅受到朋友與同儕的感染。**

　　至於兒童的溝通能力，不只受到家庭生活中與雙親的緊密接觸所浸染，還會在離開家庭後，與外界形形色色的人物來往，並在偶爾產生衝突摩擦之中，隨之成長茁壯。

　　在白梅學園大學專攻臨床教育學的增田修治教授表示，小孩與外面世界進行交流的過程裡，**從 3 歲左右到國小低年級這段期間內的吵架、打架經驗相當重要。**

　　小孩會在哭泣與被別人弄哭、打人與被打之中，一邊體驗心靈與身體的疼痛，同時學習如何控制力氣。如果成長過程中沒有與別人吵架、打架的經驗，小孩會不懂得如何控制力氣，

將來可能會猝不及防地發生害別人重傷的情況。

增田教授認為「**吵架打架也需要制定規則與教育**」。此外，他也指出，最重要的是讓小孩在吵架、打架後明白一些道理，而非放任小孩和別人吵架打架都不管。

✔ 該如何當「調解人」呢？

教導小孩應該遵守的「規矩」

大人必須事先教會孩子：**不讓對方受傷是最基本的規矩**。例如：「不能戳眼睛」「不能用咬的」「不可以攻擊下體跟肚子」「不可以用抓的」「不可以投擲物品」。根據當下的情況，有時甚至必須讓小孩徹底明白，打架具有可能帶來一輩子無法抹滅傷痕的風險。

當然，言語上也一樣重要。大人必須好好教導孩子，奚落別人無法克服的自卑之處（例如：外貌、個人短處），會造成對方心靈嚴重的傷害。

讓孩子們把「各自的主張」通通講出來

增田教授說：「吵架是一種雙方不同主張的碰撞。因此，讓雙方完整陳述自己的意見很重要。」

讓孩子們用話語狠狠地爭論一場，然後等他們說到無話可說，激動的情緒平息下來之後，大人應該針對他們吵架的內

容，例如：「**吵架的原因是什麼？**」「**討厭的地方在哪裡？**」
「**怎麼做才能不要吵架？**」，引導孩子進行思考。

當孩子們的吵架打架有升溫跡象時，就要阻止

尤其是男孩子之間，發生一定程度的衝突是無可避免的，
可是，**當暴力程度升級的時候，周圍的大人必須竭力阻止**。

最後必定要和好

當小孩各自把自己的主張通通講出來，說到彼此都能接
受對方的想法之後，**大人最後一定要讓他們和好收場**。小孩會
在不斷重複吵架與和好的循環當中，逐漸學會怎麼做會傷害對
方，或是反過來學會如何做才能讓對方不再做出自己討厭的行
為，該怎麼做才能跟朋友好好相處下去。

傾聽雙方的主張，督促他們和好

仔細聆聽孩子的話

當小孩變得比平日還具攻擊性、無法乾脆地與人和好、心中還是悶悶不樂的時候，大人應該要試著花時間慢慢聽孩子說話，**釐清除了引發吵架、打架的直接理由外，是否還有其他的壓力來源**。

METHOD 13 控制「情緒」

⇨ 溝通的核心之力

　　小孩在成長過程中，必須慢慢學會「如何把自己湧現的情緒好好地傳達給別人知道」，以及「如何理解別人的心情」。

　　發展心理學家渡邊彌生教授說：「人類表達情緒的技能，是從日常生活中**與家人、朋友及老師的交談，或是從社區居民們身上學來的。**」

　　我們從很久以前就開始，在無意識之中，從周遭環境裡學到像「討厭」「煩躁」「丟臉」等情緒的存在、這些詞彙所代表的涵義，以及調節情緒的方法。

　　渡邊教授指出，然而在近代，由於少子化、核心家庭為主流，加上大家與自己所在社區鄰里的關係變得疏離，遊戲場所也減少，因此大人必須**特地去教導小孩控制這類情緒的方法**。

　　明明具備大量知識，卻因為情緒不穩定、無法體察對方心情，而導致有愈來愈多的大人無法充分發揮自身能力。

　　情緒控制是與他人溝通時不可或缺的基石，為了能與形形色色的人們互助合作，在這個社會生活下去，大家都必須學會這個能力。

✔ 要怎麼做才能妥善控制好「情緒」呢？

兒童心理學家吉諾特博士說：「孩子如果有正面的感受，就會採取正面的行動。而**大人協助孩子維持正面感受的方法，就是接納他們的感受**。如果總是一昧否定他們的感受，孩子極有可能會覺得無所適從與暴怒，甚至演變成大人教導小孩沒必要了解自己的感受——也就是『不要相信自己的感受』。」

面對這種情況，跟隨吉諾特博士學習的兒童心理學家法伯及馬茲麗許花了長達 10 年的時間進行調查，最後編寫出一套**尊重孩子感受的方法**（《怎麼說，孩子會聽 vs. 如何聽，孩子願意說》）。

傾注關注去聆聽

人們之所以希望有人聆聽自己講的話、與自己感同身受，是因為希望除了自己以外，能有人能夠明白自己。

尤其遇到負面情緒時，更希望別人注意。**若一昧否定孩子的感受，只會道德說教的話，孩子的心就會逐漸遠離大人。**

然後，最重要的是，大人不要一邊忙著其他事情一邊口頭隨便回應，而是要**先停下手邊的事，把注意力放到孩子身上，聆聽他們說話**。法伯她們說：「孩子們最需要的，是大人能在產生共鳴的同時，也『靜靜地』聆聽他們說話。」（參考第24 頁，METHOD 03：聽孩子說話）

透過「附和」，認同孩子感受

大人如果一面說出「嗯嗯」「哦」「天啊」「就是說啊」之類的附和詞彙，一面聆聽孩子的話，**孩子就會重新審視自己的想法與感受，並自行尋找解決的方法**。

法伯她們指出，倘若大人在這種時候質問、責備或提供建議，孩子反而會無法釐清自己的感受及問題的本質，也就無法產生建設性的思考。

把情緒貼上「標籤」

父母只單純安撫孩子的情緒，對他們的感受硬是置之不理的話，孩子反而會覺得更加混亂。

面對孩子的感受，父母可以用「你覺得焦躁，對吧」「你很傷心，對吧」的詞彙來描述各種情緒，換句話說就是幫忙將小孩的情緒貼上標籤，如此一來，**孩子就能看清自己的內心，情緒才能平靜下來**。

不過，孩子也有可能會排斥這些話語。法伯她們認為，在這種情況下，**大人點頭表達共鳴，並同時靜靜地陪伴在孩子身邊**，才是最重要的。

跟孩子一起幻想

當孩子要脾氣、強求一些自己所沒有的東西時，大人很容易拿一些不合理的理由對孩子進行邏輯性的解釋。然而，**大多**

數情況下，小孩其實只是希望大人可以明白他們「有多麼想要某樣東西」罷了。

法伯她們認為，如果能描述一個幻想世界給小孩聽，像是「如果有可以變出○○的魔法就好了」「如果××的話，這時候就能～」，小孩就能比較容易控制自己的情緒。

「客觀看待」情緒的強度

不僅如此，連渡邊彌生教授也說，使用將自己的情緒轉化成數值的「情緒溫度計」，**將情緒的強度變成「可視化」並加以辨別**，也能在控制情緒時發揮作用。

舉例來說，當孩子覺得憤怒或焦躁的時候，將「想要大聲怒吼」「想要破壞東西」的情緒定為 10，**就能讓他們分辨自己現在的情緒到達哪種程度**，他們便能從客觀的角度來看待自己的情緒。這種做法稱為「後設認知」。

而且，若能事先決定好適合自己的應對方式，像是「改變自己所處的地點」「深呼吸」「喝個水」，也能讓人更容易控制住情緒。

10 情緒爆發！
9 極其強烈的感受
8 非常強烈的感受
7 相當強烈的感受
6 強烈感受
5 感受到
4 有些感受
3 略微感受
2 有一丁點的感受
1 完全沒有

情緒溫度計

藉由詢問孩子：「如果用情緒溫度計
來描述的話，你在哪個階段呢？」
能讓他們客觀看待自己的情緒強度

溝通力

思考力

自我肯定感

創造力

學力

體力

METHOD 14　制定「使用手機的規矩」

⇨ 保護孩子遠離成癮的風險

根據日本電信公司 KDDI 在 2018 年 11 月的調查結果顯示，擁有一般手機或智慧型手機的日本小學生比例，都會區的**學童中從 3 年級開始，擁有手機的人占了一半以上。**

2019 年 2 月，日本文部科學省宣布要改變過往國中、小學原則上禁止攜帶手機的方針，因此，**今後持有手機的年齡可能更趨向低齡化。**

坐在嬰兒車上的幼兒拿著父母的手機玩，已經變成當前社會的常見景象了。可以說，對年紀尚幼的小孩而言，手機也變成了他們日常生活中形影不離的東西了。

培育孩子自身的「判斷力」

和歌山大學教師研究所的豐田充崇教授，對小孩所進行的資訊與通信科技（ICT）教育相當了解。他認為，比起「限制」手機與遊戲，像不准孩子靠近或禁止他們玩，**培育孩子的「判斷力」更加重要。**

國立醫療機構久里濱醫療中心，致力於治療及研究以線上

遊戲為首的網路成癮問題，其院長樋口進呼籲，大人該採取的態度不是單方面責備沉迷在網路裡的小孩，或是把父母的想法強加在孩子身上，而是要**讓小孩自己察覺到問題，促使他們產生主動改變的欲望**。

✔ 該如何制定「使用手機的規矩」呢？

寫下手機的優缺點

親子共同討論過後，寫下手機的優缺點，像優點有「容易與朋友聯絡」「有不懂的東西可以馬上查詢」，以及類似「視力會變差」「會影響讀書」「回覆訊息很煩」等的缺點。

藉此引導小孩發現有些看似優點之處，事實上常常是造成缺點的起因。

親子共同決定「使用時間」

親子試著一起每天記錄手機的使用時間，然後把時間分為平日與假日，並決定好這幾段時間，像是「**從幾點到幾點之間可以使用手機**」「**1 天內可以玩幾個小時**」

至於「使用手機的地點」及「不用的時候手機要放在哪裡」，則都要規定在家人視線所及之處使用。

倘若父母在要求小孩遵守規定的同時，自己卻整天隨心所欲地玩手機，會導致小孩不想遵守，因此，**請親子共同遵守規**

定。關於處罰，像決定無法徹底遵守規定的話就整天禁止使用手機，也是親子一起討論過後再決定要怎麼做。

教導孩子「哪些事情絕不能做」

大人要讓小孩充分明白以下的規矩：

- 不能把可以辨識個人身分的個資放到網路上，例如姓名、地址、電話號碼，以及校名、考卷、成績單等等。
- 不去逛毒品、武器、自殺、暴力和成人網站。
- 不在 LINE 和社群網站上寫別人的壞話、謠言和不滿。
- 不在社群網站上，發送自己或其他人的個人資訊。

使用時間多久？　　　在哪裡使用？　　　絕不能做的事情是？

定好規矩後，讓孩子在大人視線所及之處用手機

不要答應「條件交換」

即使小孩要求以用功讀書來換取延長玩手機的時間，大人也不要答應。此外，大人也**不該用「如果你減少上網的時間，**

就買○○給你」的方式。

因為一旦開了先例，規矩就會漸漸被破壞，小孩的要求也會逐步升級。

另一方面，如果小孩已經稍微可以盡自己的能力來管理時間，大人主動給予稱讚也是很重要的。

使用「篩選」來保護孩子

倘若小孩還不到可以徹底理解規矩內容的年齡，大人可以活用自己能調整設定的篩選模式，限制孩子可登入的網站，也可以讓他們無法下載某些 APP。

開啟篩選模式後，小孩在使用上就會受到限制，大人可以一邊配合孩子的成長放寬限制，一邊**培養他們自身的判斷力**。

建議「數位排毒」的規勸

根據樋口醫生所言，在一定時間內完全不碰手機與電腦等的電子設備稱為「數位排毒」，正受到大家的熱烈關注。數位排毒就是**擺脫網路，放自己一個離線假期**。

樋口醫生建議，親子一同在放假時把手機與遊戲機留在家中，到大自然裡度假的話，「就能百分之百使用五感，從網路的詛咒中解放」。

溝通力

思考力

自我肯定感

創造力

學力

體力

若發現有沉迷的跡象，前往專業的醫療機構

　　當小孩升上國、高中以後，因為沉迷網路，而導致作息日夜顛倒，無法去學校上課的案例非常多。

　　線上遊戲存有許多會讓人沉迷的圈套，**一旦成癮，掌管理性的大腦前額葉皮質的功能就會慢慢退化**。這個功能如果退化，人類就會逐漸難以控制衝動與欲望，因此，愈玩愈是陷入惡性循環。

　　2019 年，世界衛生組織將「網路遊戲成癮」認定為一種新疾病。如果狀態很嚴重，請前往專精網路成癮症的精神科就診吧。

METHOD 15　舉行「家庭會議」

⇨ 創造與孩子對話的機會

近年來，小孩平日忙上課，大人則為了工作而忙碌，到了週末好不容易全家團聚時，大家卻各自只顧著玩手機或遊戲，**家人間的對話有愈來愈少的趨勢**。大人即使找小孩聊天，也只會從小孩嘴中吐出「不知道」「不清楚」「我忘了」的回答，這樣實在很難聊得起來。

像這樣**平日溝通不足，也會影響親子間的信賴關係**。

如果等到小孩產生問題行為，演變成麻煩事態之後，大人才連忙開始想要傾聽小孩的真心話，他們是不會如此簡單地敞開心扉的。

為了加強家人之間的感情、建構信賴關係，加州大學爾灣分校的兒童青少年臨床心理學家羅伯特‧邁爾斯（Robert Myers）副教授建議大家要**定期舉行「家庭會議」**。

舉行家庭會議可以讓平時不擅長表達自己感受的孩子一點一滴慢慢地說出來，也能讓孩子產生希望家人知道自己意見的想法。

家庭會議也是**家人們一同共享幸福感與歡樂的「團隊凝聚**

活動」時間，可以一起慶祝某件事、互相感謝等等。

✔ 該如何舉行「家庭會議」呢？

選在家人可以全員聚集的時間舉行

事先決定好所有家人都可以聚在一起的日子和時間，例如週末晚餐。

理想狀態是 1 星期舉辦 1 次，**時間上有困難的話，每個月大家可以聚在一起 1 次也很好**。

提出大家都能發言的問題

提出每個家人都能發言的問題。若能讓孩子擔任會議主持人的話**他們會覺得父母已經認可自己足夠成熟，自尊心也能因此提升**。

舉例來說，主持人可以提出下列所舉的問題，督促大家回答。

- 這個星期過得如何？
- 下星期有什麼計畫嗎？
- 下星期的目標是什麼？
- 家人為我做了這麼棒的事情！
- 我為了家人做了這麼棒的事情！

- 下次想去哪裡看看呢？
- 現在想要的是什麼？
- 除此之外，還可以選擇想對家人說的話、提出的問題與請求，還有制定規則、休假時的計畫等等。

下星期要怎麼分攤家事呢？

・倒垃圾
・把洗乾淨的衣物摺好
・洗碗
・清掃浴室

先決定好問題，然後讓小孩當主持人

決定家事如何分擔

家庭就像小社區，**孩子也是家庭團隊裡不可或缺的戰力**。每個家人要分別幫忙做哪項家事，就大家一同討論後分擔吧。

寫下來

把每個家人的目標、家事，以及大家想一起遵守的規定、已經決定好的事項，寫到紙張或白板上，讓它們「可視化」。

事先準備好放在會議最後的「驚喜」

　　如果家庭會議變得太過死板或變成說教時間，就會造成反效果。當家人之間開始吵架，開始瀰漫緊繃感的時候，就**試著改變一下環境，像是到外面一邊散步一邊聊天吧**。然後，為了能在會議的最後，讓大家抱著「真好玩」的心情結束聚會，可以事先準備好家人一起享受的「驚喜」，例如遊戲、餐點或電影等等。

METHOD 16 懂得「打招呼」

⇨ 不要當成義務，而是要樂在其中

　　我們在一整天之中，和別人打招呼的次數多得數不清。打招呼是全世界共同的習慣，也是溝通交流的入口。

　　有一種心理學現象名叫「扎榮茨效應」。這是由史丹佛大學的心理學家羅伯特・扎榮茨（Robert Zajonc）名譽教授所發現的法則，意指**「若不斷重複接觸同樣的人與事物，好感度和印象會隨之提升」**，亦可稱為單純曝光效應。

　　打招呼就是能簡單引出此效應的方式。如果能從小養成打招呼的習慣，**長大以後就能在各種交際場合發揮莫大的幫助。**

　　以前兒童人數很多，我們與附近鄰居及親戚間的往來仍很頻繁的時代，大家都有機會與各式各樣的人彼此問候打招呼。

　　小孩處在那樣的環境下，便會自然而然地學會打招呼。然而，近年來大家對自己所處地區的關注變少，**打招呼的機會也隨之大幅降低了。**因此，打招呼就變成大人必須特地指導小孩的行為。

✔ 要如何「打招呼」才恰當呢？

父母自己要開口打招呼

小孩對父母的言行舉止很敏感，每天都會從各個角度觀察雙親。就連在什麼樣的場合要如何打招呼，小孩都會把父母當成範本來學習。

父母應該要有意識地對家人說：**「早安」「我要出門了」「我回來了」「歡迎回來」「我要開動了」「謝謝」「對不起」「晚安」**。

別人對自己打招呼時，一定要做出回應

打招呼等於是我們發現對方存在，並邀請對方發現自己的存在。大人要教導小孩，倘若有人跟我們問候、打招呼，我們一定要回應對方。

如果我們沒有回應，會被當成是冷漠的人。**冷漠的反應會傳遞出「我並不在乎對方」的訊息，也是最傷害對方的舉動**。因此，互相打招呼問候對方，是溝通交流的基礎。

帶著真誠

日語的打招呼是「挨拶」。據說，「挨」代表「打開心扉」，「拶」則代表「靠近對方」的意思。我們可以了解這個詞彙的涵義，一邊**留意，看著對方的臉，懷著真誠之心開口**。

面對小孩時，則可以加上肌膚相親的方式，一邊擊掌或擁抱一邊打招呼，這樣他們會非常高興。

採用肌膚相親的方式有個好處，就是可以**促進**先前曾提過的**愛情荷爾蒙「催產素」的分泌**。（參考第 30 頁，METHOD 05：重視「肌膚相親」）

倘若孩子辦不到，也別責備

小孩不開口打招呼，通常是覺得「難為情」「害羞」「無法坦率開口」。可是，如果在這種時候強迫他們開口、責備孩子說：「你為什麼說不出口？」的話，小孩反而會心生反彈，**打招呼也就失去了樂趣**。把孩子拿來與其他小孩比較，然後針對孩子不足的地方加以責備，也會造成反效果，有時反而會讓小孩心生膽怯。

倘若小孩不擅長打招呼，大人也不要焦躁，只要配合小孩的步調就好。例如，先用：**「到了○○家以後，第一句話要說什麼呢？」**來督促孩子做好心理準備，縱使孩子聲如蚊蠅也沒關係，只要他們成功開口打招呼，大人便一起為他們開心。

小孩做不到的話，不要責罵；做得到的話，就給予稱讚

METHOD 17 鍛鍊孩子的「簡報力」

⇨ 獲得讓口才變好的「範本」

許多人都不擅長在人前講話。然而，針對約 1 萬 9000 人進行過簡報課的一般社團法人「alba edu.」的代表理事竹內明日香卻斷言：「簡報能力好不好，取決的既非能力也非品味，而是『技巧』。**就跟鍛鍊肌肉或練習樂器一樣，只要多練習，任何人都可以變厲害。**」

舉例來說，在美國，大家從小就會有許多在人前發表意見的機會，徹底鍛鍊簡報力。幼兒園與國小平日常常舉辦的「Show & Tell」時間最具代表性。

在這堂課裡，小孩把自己喜歡的東西帶去學校，接著在同學及老師面前進行簡報，說明**「這是什麼」「我在哪裡獲得的」「我喜歡它什麼地方」**。做完簡報後，老師會詢問當聽眾的其他小孩：「有沒有問題要問？」然後讓大家一一提出問題。

說話者要做好充足準備、反覆練習、進行簡報、回答問題，而聽眾要仔細聆聽，好好發問。**透過這樣的雙向練習，大家可以逐漸鍛鍊出簡報力。**

日本 2020 年起實施的《小學新學習指導要領》，重視

「自主性、對話性、深入學習」的學習方式，小孩進行簡報的機會也逐步增加。家庭裡的小習慣也能培育小孩的簡報力，從而增加自信。

✔ 要怎麼做才能鍛鍊「簡報力」呢？

一邊用餐一邊對話

　　想要磨鍊簡報力，就要像學樂器一樣每天練習才有效果，因此可以有效利用吃飯的時間。大家一邊用餐，一邊決定主題，像**「今天一天過得怎樣」「遇到最有趣的事情是什麼」**，然後進行對話。

　　竹內說：「倘若不太能理解小孩所說的內容，只要一直傾聽到最後，然後再用『你想說的是這樣，對吧？』的方式確認內容就行了。」甚至還可以用「聽起來真棒」或「好有趣」之類的回應附和對方，提升小孩的幹勁。

清楚發出聲音

　　既然要練習簡報，如果別人聽不見就沒有意義了，因此，**平日就要多加練習，讓小孩可以清楚發出聲音。**倘若小孩的音量太小，讓人聽不清楚內容，這時候大人不要當成沒發現，要開口說：「聽不到喔～」

說話時看著對方的眼睛

被稱為演講天才的美國前總統歐巴馬，在總統就職演說上，據說光是對聽眾的「目光接觸」時間，就占了整場演說大概一半的時間。所以父母本身要謹記，平日對著孩子說話與傾聽他們時，都要看著他們的眼睛。

提升「詞彙能力」

竹內說：「詞彙愈豐富，簡報就愈是有趣。」小孩透過日常的閱讀習慣，使詞彙變豐富的話，**表達力便會隨之提升，簡報也會變得更厲害。**

竹內建議，如果大人能在對話中，偶爾使用一些小孩平常不會使用的成語或用字遣詞，就能讓它們留在小孩的某個記憶角落，所以偶爾要說一些對小孩來說比較困難的字眼。

使用「範本」

突然要小孩「進行簡報」，或許只會讓他們不知所措，但如果能有一個「範本」示範整體架構，小孩就會比較容易開口。舉例來說，使用「開頭」「中間」「結尾」的架構來發表，小孩做簡報就會比較容易（參考第 259 頁，METHOD 67：書寫 ③）。

今年夏天想去哪裡呢？

開頭

「今年暑假想去伊豆」

中間

「爺爺和奶奶可以悠哉地泡溫泉」
「媽媽跟爸爸可以享受美食跟酒，會很高興」
「我跟妹妹可以在海邊玩一整天，棒呆了」

結尾

「我覺得暑假旅行就是該去伊豆！」

使用簡單的「範本」，挑戰簡報

METHOD 18 成為孩子的「典範」

⇨ 父母與孩子一起成長

多洛西・羅・諾特博士在《孩子在生活中學習》一書中，有以下這幾段話。

「孩子無時無刻都在注視著父母。」

「因為，對孩子來說，父母是他們**人生中遇見的第 1 個、也是最具影響力的『典範』**。」

「學習」這個詞彙的語源，與「模仿」相同。人類從小嬰兒開始，便具有「模仿」的能力，大家都是一邊模仿身邊人的言行舉動，一邊逐漸學會社會性的。

✔ 要如何成為孩子的「典範」呢？

留心用字遣詞

小孩時常關注父母在什麼場合，使用何種方式說話。

父母是否不聽對方說話，只是一味地說自己想說的事情？**是不是傷害了別人、批評對方、說起話來火氣很大呢？**是否老是用「為什麼你連這種事都辦不到呢」的負面方式說話，而非

採取「你一定可以辦到」的正面表述方式呢？

父母的用字遣詞不僅僅會變成小孩的，也會影響到他們的思考方式。

尊重他人

就連父母如何應對家人、附近鄰居或完全陌生的人，**小孩也都一直在觀察**。

在路上碰到人的話，會不會開口打招呼呢？對店員說話時，用字是不是傲慢無禮？是否只用地位和頭銜評價別人，看不起對方呢？是不是都不幫忙做家事，讓伴侶覺得很困擾呢？

在社區與家庭的緊密共同體中，大人的言行舉止都會給小孩帶來巨大的影響。

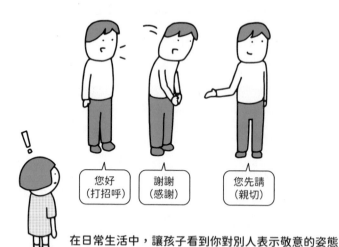

您好
（打招呼）

謝謝
（感謝）

您先請
（親切）

在日常生活中，讓孩子看到你對別人表示敬意的姿態

也要讓孩子看到父母失敗的模樣

孩子看到父母對工作充滿熱情，目睹雙親幫助他人，能對某個人的人生產生影響的姿態，**會因此得到激勵，產生勇氣**。

但與此同時，父母也不要隱瞞自己失敗後陷入沮喪的模樣，要讓孩子看見自己從失敗中重新振作，並且快樂生活，這麼一來，孩子就不會畏懼失敗，並能一直擁有挑戰精神。

注意健康

若想讓孩子擁有均衡飲食，並且不再因為看電視、玩電動或滑手機而熬夜的話，**父母本身必須先身體力行**。

建議全家一起吃健康的三餐及點心，然後父母減少看電視、玩電動或滑手機的時間，訂立戶外活動的計畫，像是散步、騎腳踏車外出。

平息怒火

當小孩發脾氣、焦躁地大哭大叫的時候，父母應該**先深呼吸，讓心情冷靜**，然後再開口對小孩說話。

然而，有時候父母這邊也會失去理智大吼出聲，對小孩說出很嚴苛的話。遇到這種情況時，**大人應該好好認錯道歉**，而這也是身為父母的人，理應樹立起典範的重要舉止。

SECTION 2

如何養成思考力？

盡可能增加小孩「思考的機會」

THINKING

METHOD 19

找到「喜好」

⇨ 沒有尋找的機會就找不到

在哈佛大學科技與創業中心擔任第 1 代研究員的東尼・華格納博士說：「從年輕時的比爾・蓋茲、史蒂夫・賈伯斯，到最近的馬克・祖克柏……他們都沒有恫嚇與威脅自己每晚寫程式寫到三更半夜的『虎媽』，**他們擁有的是熱情。**」（《教出創造力：哈佛教育學院的一門青年創新課》）。

華格納博士在針對創新者與其父母、老師、顧問（指導者）進行了總計 150 次以上的訪問之後，結果發現**最常出現的詞彙是「熱情」**。

此外，臨床心理學家約瑟夫・布爾戈表示，比起渴望金錢或名聲的人，**一直專心致志於自己喜好的人更容易成功。**

讓人埋首其中、忘記時間流逝的那股熱情，能引導人湧現「我想繼續鑽研」「我要變得更厲害」的念頭，從而去思考自己該怎麼做才對，因此深入思考的能力也會隨之增強。

✔ 要怎麼做才能找到「喜歡的事物」呢？

關注「從未體驗過的事物」

大人如果詢問小孩「你喜歡什麼」，他們或許會回答自己沒有喜歡的東西也說不定。

然而，擅長創造力與創新教育的英國華威大學名譽教授肯‧羅賓森爵士表示，**這與「是否有接觸學習的機會」有關**（《發現天賦之旅》）。

羅賓森名譽教授建議，如果小孩現在並沒有熱中的喜好，不如對從未踏足過的領域**敞開心扉，積極地嘗試**。

知道孩子的行動

此外，羅賓森名譽教授還說過，想要找到「喜歡的事物」，可以先將孩子在日常生活的行動模式變成「可視化」開始著手。**先寫下大致的劃分，例如：學校、才藝班、玩樂、三餐**，然後進一步寫出具體的內容，像是學校的功課表、才藝班種類、玩樂時間裡做了什麼。

找到「熱中的事物」

接著，針對寫好的項目，**用顏色一一來區分「喜歡」「不討厭」「討厭」**。觀察孩子做哪些項目時，會感到興奮不已，或者是覺得高興得不得了？藉以尋找孩子的「喜好」。

哈佛商學院的社會心理學家泰瑞莎・艾默伯（Teresa M. Amabile）名譽教授表示，小孩的「擅長之處」和「喜好」有時候會一致，可是，擁有出類拔萃的才能卻一事無成的人也非常多。

不管是大人或小孩，當心中湧現出**強烈動機的時候，便應當盡自己所能去達成目標**。艾默伯名譽教授認為，達成目標與熱情之間有很緊密的關聯。

列舉每天的活動，從中找出自己的「喜好」

不要被侷限在一件事情裡

中島佐知子是首位在國際數學奧林匹亞競賽上拿到金牌的日本女性，她既是數學家，現在也是爵士鋼琴演奏家。她認為當今社會已經從「每個人各自埋頭鑽研自己的專業技能的時代」，轉變成「從不同領域探討或與其他領域的專家**聯手創造出全新見解的時代**」。

在多個不同領域中，為了形形色色的問題動腦思考，然後**慢慢採納不同角度的看法，這樣的經驗就是創新力的最初體驗**。

中島認為，不要把「喜好」限縮在一件事上面，多鑽研幾個領域，橫跨不同專業，才是日後教育所必須具備的條件。

METHOD 20 磨鍊「觀察眼」

⇨ 提升與生俱來的能力

「你在看，而我是在觀察，這有很明顯的差別。」

這句話是夏洛克・福爾摩斯的有名台詞。名偵探福爾摩斯卓越的推理能力，來自於他積極關注並觀察的態度，而非被動地接收訊息。

最近在商界，**「觀察」也是備受關注的話題，因為它是找出新需求及課題的方法。**

所謂的市場調查，並非只是請別人回答問卷上的問題來調查而已，還要去深入觀察人們最真實的生活狀況、環境和平日的言行，從中解讀出大家沒有說出口的潛意識。

小孩擁有敏銳的觀察力

事實上，**小孩與生俱來便擁有優秀的「觀察力」**。可惜的是，從以前到現在的教育都要大家在有限的課題中找尋既定的解答，有人質疑這種方式難道不是在削弱觀察力嗎？

正如福爾摩斯的台詞所要表達的意思一樣，磨鍊觀察力可以**找到適合自己的課題，也能幫助一個人找到新發現。**

✔ 要怎麼做才能磨鍊「觀察力」呢？

詳細詢問孩子一整天所經歷的大小事

　　大人要試著詢問孩子當天經歷的種種事情。當孩子會用語言描述自己的所見所感時，就會去注意每天的細微變化。

　　這時候，大人如果**偶爾從背後推孩子一把，讓他們產生「為什麼會發生變化」的疑問**，孩子就會冒出「究竟是為什麼呢」「好想知道答案」的想法，而激發出他們想要更積極觀察的熱情。

到戶外去

　　想磨鍊小孩的觀察力，去戶外是最棒的選擇，尤其大自然裡充滿許多的刺激。另一個方法是**每天去同個地點**。因為，即使只在一個特定的地點，大自然也會每天都有不同的變化。

玩桌上遊戲

　　無法到戶外去的時候，就玩桌上遊戲。透過一次次思考自己如何在遊戲中獲勝，小孩也能學到掌握自己的處境，**自然而然便可以逐漸用更寬廣的視野去看待整個遊戲**。而這也是一種鍛鍊觀察力的好訓練（參考第 110 頁，METHOD 25：玩「不插電」的遊戲）。

養成記錄的習慣

在代表美國的 19 座博物館及研究中心總部的史密森尼學會裡，博物學者們建議國中小學生書寫「大自然繪圖日記」。因為日記是情緒的紀錄，而大自然繪圖日記則是**記錄身邊大自然的種種發現**。

一邊畫素描、拍照，一邊把眼睛所見的景物外觀記錄下來，這樣的過程也能讓小孩**學會如何寫文章**。

而事實上，史密森尼學會的博物學者專家們，**每個人每天所記錄下來的內容，據說也都與小孩所寫的紀錄沒什麼差別。**縱使是看來可能沒什麼用處的內容，像大自然的細微變化，只要能一點一滴不斷持續記錄下去，最後也能像享譽全世界的史密森尼學會般，擁有龐大的收藏品及研究成果。

2020 年 10 月 10 日

天氣：晴
溫度：17℃
濕度：62%

天空出現了許多
像羊毛一樣的雲。
顏色是純白色，
看起來毛茸茸的。

可以畫在「大自然繪圖日記」
上的東西，
只要是屬於大自然的事物，
不管畫什麼都可以。
堅持得愈久，
愈能鍛鍊觀察大自然的能力。

使用「開放式問題」

⇨ 靈活運用「WHY」「HOW」「IF」

　　提問方法大致可分為兩種。

　　一種是**封閉式問題**。這是可以用 Yes 或 No 回答的問題，舉例來說，像是「今天在學校快樂嗎？」「營養午餐好吃嗎？」，這種可以簡潔地回答「嗯」「還好」的問題。

　　另一種則是**開放式問題**。這是答案方式不只一種的問題，倘若詢問小孩：「今天在學校發生了什麼有趣的事嗎？」「營養午餐裡，你覺得哪種菜好吃呢？」，**有幾個小孩就會出現幾種不同的答案**。

　　詢問小孩問題的時候，如果用：「如果～的話？」「你覺得為什麼會這樣呢？」的**開放式問題反問對方時，小孩會自己更進一步去動腦思考**。

　　此外，詢問開放式問題，也會讓大人自然而然有更多機會聆聽孩子的話，孩子也會因此更加信賴願意聽自己說話的父母，想要把更多的想法表達出來。

　　大人也一樣，**當要具體說出自己的心情或想法，而非只回答 Yes 或 No 的時候，必須先在腦袋裡將思緒整理一番後才能**

說出口。開放式問題便是因此而能夠培育小孩的思考能力。

✔ 要如何使用「開放式問題」呢？

詢問「積極正向」的問題

試著用以下的方式，轉換自己常常對孩子說的語句形式。

「給我去做○○！」

→「你覺得為什麼自己必須去做○○呢？」

開放式問題的第 1 種就是「WHY 型」。

只不過，**在使用「WHY」的時候，如果和否定句並用，反而會造成反效果。**大人用：「為什麼你做不到呢？」「為什麼你不照我說的話去做呢？」這種句子逼問孩子，孩子會開始想藉口，而聽到藉口的父母又會感到煩躁，陷入惡性循環。

為了避免發生那樣的情況，**大人首先應當做的，就是用「我明白你不想做○○的心情」的方式表達感同身受**，並同時詢問孩子：「但為什麼你還是非得去做不可呢？我們一起來思考原因吧。」

「為什麼你連這種事都不懂呢！」

→「你覺得要用什麼方式才能學會它呢？」

開放式問題的第 2 種就是「HOW 型」。

使用這個類型的時候，大人不該追問孩子「你應該要怎麼做才對」，而是要說：**「你覺得要用什麼方式才能達成目標呢？」**，重點在於表達出陪伴孩子的態度。

在 Google 和 Facebook，詢問「How might we？」（要怎麼做才可能達成目標呢？）的方式被稱為「HMW 法」，是大家拿來互相激發靈感的有效方法。英語的「might」有「或許～也說不定」「有可能～」的涵義，是一種讓人基於「正確答案不只一種」「接納各式各樣不同的構思」的角度，進行思考的方法。

「為什麼你連這種事也辦不到！？」
→「如果○○的話，你就能完成╳╳了吧？」

開放式問題的第 3 種就是「IF 型」。用「為什麼你連這種事也辦不到！？」的說話方式，會傷害到小孩的自信心。倘若小孩因為失敗而不知所措的話，大人不妨試著用「如果○○的話～」的方式給出「建議」，小孩便能以此為契機找到新發現，也能促使他們積極靠自己想出更好的方法。

× 「給我去做○○！」

○ 你覺得爲什麼自己必須去做○○呢？

× 「爲什麼你連這種事都不懂呢！」

○ 你覺得要用什麼方式才能學會它呢？

× 「爲什麼你連這種事也辦不到！？」

○ 如果○○的話，你就能完成××了吧？

使用能激發小孩熱情的詢問方式

在便條紙上寫下靈感

　　然後，把小孩所提出的各種想法**逐一寫在便條紙上，再進行比較**，這樣可以增加親子對話的深度，也能培養小孩的思考能力。

創造「思考契機」

⇨ 怎樣的說話方式才能促使孩子進行思考？

　　為了培育能因應全球化的人才，日本文部科學省準備推動適合小學、國中、高中生的教育計畫，其中有一項名為國際文憑。

　　國際文憑教育已經在全世界 150 個以上的國家、地區，大約 5,000 所認證學校中實施，它的最大特色是**一邊不停反覆詢問：「為什麼會這樣？」一邊逐漸深入分析**的對話型課程。

　　許多畢業生成為創業家的社會翻轉家（變革者），活躍於世界舞台上，他們表示，那些認證學校的老師們都說了令他們印象深刻的話。

　　「大家都想知道正確答案是什麼，然後，很快地就會問哪些內容會出現在考題裡。我覺得這是因為在為了應付考試而讀書的型態中，你們常常得為了『正確答案是什麼』而抱頭苦思。然而，國際文憑教育認為**『只要有根據，就算得上是一種答案』**。因此，我們很重視『自己的意見是什麼』『為什麼』。」

　　在國際文憑的教育裡，老師與其說是「指導者，不如說是與學生共同學習的「學習者」，畢竟說到底孩子才是課堂的核

心。他們的理念是**提升小孩用自己的腦袋進行思考、做決定、行動的能力**。思考能力並非來自於大人的教導、指示，而是透過提供小孩思考的契機，然後從中培育而來的。

✓ 要怎麼做才能創造「思考契機」呢？

不要告訴孩子答案

如果碰到孩子來問問題，大人不要立刻說出答案，而是要反問他們：「○○，你覺得答案是什麼？」「你覺得原因為何呢？」因為**無法立刻得知答案的興奮期待感，會成就小孩的思考契機**。

當孩子不想自己思考的時候，父母可以陪他們一起找答案、一同想，**讓孩子體驗「學習的過程」**，而不要只是把「答案」告訴孩子。

讓孩子發問

大人要讓孩子不停地發問。當孩子不想提問的時候，試著由父母主動詢問：「爸爸（媽媽）是這麼想的，○○，你有什麼看法嗎？」

孩子在學會使用詞彙的過程中，會把父母當成學習範本。有些調查結果顯示，**會不斷朝父母發問的孩子，他們的父母也會常常丟問題給孩子**。

故意唱反調

使辯論和議論更為熱烈的手法之一，就是創造出「魔鬼代言人」的角色。這個角色的任務就是特意和多數人唱反調，將此方法套到小孩身上，則能創造出讓他們深入思考的契機。聽完小孩的發言，大人可以**試著開口問：「你說的是真的嗎？」故意提出完全相反的意見**。

說出與「理所當然的常識」相反的話，給予孩子思考的契機

讓孩子自己訂立規定

孩子之所以不聽父母的話，是**因為覺得父母無法接受自己**。當大人命令孩子：「給我去做○○！」卻沒有效果的時候，就要毅然而然地將它轉變成孩子的思考契機。這時，**父母要一邊表達自己的希望，一邊引導孩子去思考正反兩方的論點**。

例如，當孩子整天打電玩時，父母要把自己的心情表達出來，像是「你的視力會變差，這讓我很擔心」「聽○○說話的

METHOD 23　將「失敗」化爲成長的食糧

⇨ 懷抱信心，讓孩子自己重新振作

　　愛迪生留下了「我不曾失敗，只是找到了一萬種行不通的方法」這句話，而我們生活的文明世界，其實是先人們在無數次錯誤中摸索、累積出答案的成果。

　　然而，在家庭和教育現場中，**小孩卻沒有得到充分的機會去體驗失敗，從錯誤中摸索出答案**。

　　畑村洋太郎名譽教授在東京大學研究一門名為「失敗學」的新學問。據他表示，不知挫折為何物、人生一直過得一帆風**順的東大學生裡，大多數人都有懼怕失敗的傾向**。因此，畑村名譽教授把失敗比喻成「疫苗」，呼籲父母要讓孩子多多經歷失敗，藉此讓孩子的**心靈與身體產生不怕「失敗」的抗體**。

♥ 要怎麼做才能將「失敗」化為成長的糧食？

大人不要搶先行動

　　有些父母由於太過擔心孩子會失敗，於是早一步就搶先

除掉障礙，保護孩子遠離失敗，這一類父母被稱為「直升機父母」，**有時反而導致小孩變得毫無幹勁。**

根據美國的瑪莉華盛頓大學在 2013 年所進行的調查報告顯示，直升機父母所養育出的大學生很容易罹患憂鬱症。

畑村名譽教授說：「乍看之下，失敗看似繞了遠路，但從失敗中摸索出答案的做法，**是能讓我們獲得無論在哪種場合都可以柔軟應對的真實能力。**」

將過往的失敗經驗傳授給孩子

為了使孩子們不會恐懼失敗及大眾的目光，將「父母自己也常常失敗」或「自己經歷過哪種失敗，又是如何一路克服過來的」傳授給他們，是一種很有效的方式。倘若**能在孩子面前展露出對過往的失敗經驗一笑置之的風度**，就能讓孩子不再害怕失敗。

讓小孩自己決定目標

對於喜歡或感興趣的事物，讓小孩自行決定目標，如此一來，就算半路遭遇失敗，他們也能為了目標而想努力加油。

不要對孩子說「你要再加把勁」

遭遇失敗時，心中最痛苦的就是小孩自己了。在這種情況下，大人對小孩說「你要再加把勁」，只會把他們逼入絕境。

畑村名譽教授說：「父母能做的就是準備美味的餐點，利用食物讓孩子恢復精力，然後抱著信心默默守護著他們。」

讓孩子理解「失敗 = 改善的機會」

史丹佛大學的發展心理學家、《心態致勝》的作者卡蘿·杜維克教授表示，**能將失敗視為「改善機會」的人，即使遭遇了失敗也不會死心放棄，可以繼續頑強地挑戰下去。**

不要用才能或成果來評斷小孩，而是讚揚他們不斷持續挑戰的過程，給予他們勇氣，讓他們自己可以心生「我只是現在還做不好，只要繼續努力，未來一定可以愈來愈好」的想法。

讓孩子養成回顧過去的習慣

而且，根據杜維克教授的實驗，如果對小孩說出**「有沒有其他更棒的方法」**，小孩就會盡力去思考可以改善之處，明白在哪些地方可以更加努力。

畑村名譽教授也表示，當小孩遭遇失敗的時候，需要的不是「只要這樣做就能成功」的「正確答案」，而是要回憶通往失敗的那條「來時路」，並**思考「自己為什麼會犯錯」**。

遭遇失敗的時候，引導孩子思考原因

METHOD 24 提升孩子「深入探索」的欲望

⇨ 關注過程甚於成績

東京大學高大連攜推進部門（JPCUP）的心理學家白水始教授說：「每個人與生就具備了『在反覆嘗試中摸索答案並學習的能力』。」然而遺憾的是，**倘若只有學業成績才能獲得稱讚，小孩學習的欲望反而會因此被削弱**。

小孩原本就是純粹因為「感到有趣」才會努力學習，但大人們如果只讚揚結果而不理會他們努力的過程，甚至還針對結果給予獎勵，據說**會破壞孩子的快樂心情**，讓他們覺得「原來大人只會在意分數而已」「難不成自己所做的一切都只是為了得到獎勵嗎」。

哥倫比亞大學的克勞蒂亞‧繆勒教授等人，針對某間公立國小學生為對象所進行的「讚美方式」實驗中發現，如果讚美小孩與生俱來的能力（＝頭腦好壞），小孩就會失去幹勁，成績下滑。

白水教授表示，重點在於「大人不要只關注（分數之類的）結果，**而是要去關心孩子專注努力的內容與其態度**」。

如果父母更加仔細地問清楚孩子的想法，對他們有趣的點

子或問題的解法表示很感興趣的話，孩子也就會想去深入探索自己的想法。

要怎麼做才能提升孩子「深入探索」的欲望呢？

無論任何事都能視為一種「前進」

若能單純這樣思考：「所謂的學習，就是學會過去不懂的事物」，那麼也就能將失敗視為成長的一環。當結果不盡人意的時候，大人可以和小孩一起回顧**是不是哪裡做得不夠好、問題出在什麼地方**，並且對小孩說「你能學會這些東西，真是太棒了」「瞧，你又往前進一步了」，這樣就能在不傷害小孩自尊心的前提下，提升他們的幹勁了。

對小孩提出問題

大人可以試著詢問小孩各式各樣的問題，像是：「你覺得原因是什麼呢？」「你自己的看法是什麼呢？」透過詢問小孩問題，他們會察覺自己還不夠理解，便會**用自己的頭腦去思考自己想知道什麼、應該做的是什麼**。只不過詢問問題的時候，大人要留意說話方式，別用逼問結果的問法（參考第94頁，METHOD 21：使用「開放式問題」）。

溝通力

思考力

自我肯定感

創造力

學力

體力

促使孩子用「自己的頭腦」進行思考

善用父母喜歡的領域，連結話題

父母可以試著把孩子正專注、努力的事物，與自己擅長、喜歡的領域連結起來，當成聊天話題。

對話內容不侷限於小孩的喜好，大人也可透過形形色色的啟發來擴展小孩的視野，讓小孩在大腦中連結，接觸每種領域的事物，藉此培育出富有彈性的思考力。

接觸「專家」的話

父母沒有必要在所有事情上都知道得比孩子清楚。有一句俗諺叫「術業有專攻」，倘若遇上自己無法回答的問題，就去請教更通曉的人士，也能為孩子帶來益處。

如果孩子有感興趣的領域，**父母可以從身邊找出比自己更精通的人，為孩子製造交流的機會。**

現在，有許多研究人員及專家都會在社群網路服務上積極地發布資訊，與一般人進行交流。

父母也可以透過 Twitter、Facebook 和 Instagram 等平台**與他人互動，幫孩子直接問問題**。

此外，在 NHK 廣播第 1 頻道的「兒童科學電話諮商」裡，會有專家回答小孩提出的各種素樸的問題，問答內容也會整合成書。

透過這類的電視節目和書籍，**讓小孩接觸專家的說法，也能刺激他們的求知欲**。

溝通力

思考力

自我肯定感

創造力

學力

體力

METHOD 25 玩「不插電」的遊戲

⇨ 讓孩子專注地沉浸在遊戲裡，一邊動腦筋

小孩「一直看 YouTube 看不停」「老是沉迷線上遊戲」的情況，或許是當今父母最苦惱的問題，因此，現在我們**轉而關注紙牌與桌上遊戲這類的不插電遊戲**。

小孩在玩不插電遊戲時，精神專注得讓人吃驚，玩的時候不但能與玩伴對話，運用溝通能力，還可以整理並分析情勢，有條不紊地推測接下來的局勢變化，揣測對手的內心想法，這都可以訓練小孩動腦思考。**一分出勝負就等於遊戲結束，這種果斷的風格也是遊戲的魅力之處。**

不只小孩，許多紙牌及桌上遊戲也能讓大人真正享受到樂趣，其中也有孩子、父母、爺爺奶奶三代可以一起開心同樂的種類。

東京大學情報學習環境研究所的講師藤本徹，致力於研究如何把遊戲活用到解決教育等的社會問題上，以下用難易度劃分，為大家逐一介紹他所推薦的人氣遊戲。

✔ 選擇哪種「不插電遊戲」比較好呢？

algo 親子數字益智遊戲

這是一款由算術奧林匹亞委員會及數學奧林匹亞優勝者彼得·法蘭克（Péter Frankl）等人所共同研發、玩猜對手卡片上數字的遊戲。

有黑色與白色的卡片各 12 張，上面寫著 0 ～ 11 的數字，運用共計 24 張卡片來進行遊戲。

每個玩家按照遊戲規則，例如由左到右，將數字卡由小至大依序排列好，然後將手中的卡片牌面朝下蓋好，哪位玩家能準確猜出對手的數字就獲勝。這個遊戲**可以鍛鍊一個人的推理能力和邏輯**。

Nanjamonja 卡牌遊戲

在這個遊戲裡，玩家使用印有 12 種源自俄國的有趣不明生物「Nanjamonja」圖案的卡片，且幫每一隻生物現場取名字。當相同卡片出現的時候，比比看誰能早一步回想起名字並喊出來。**遊戲規則很簡單，靠的是記憶力。**

此款遊戲的有趣之處在於可以取令人發笑的奇怪名字，還有名字取得太複雜導致大家都想不起來，從小小孩到大人的年齡層玩家都能玩得很開心。

疊疊樂

玩家依序從疊成長方體的積木塔上，用單手一個一個抽出積木，再把抽出來的積木再一塊塊往上堆疊，弄倒積木塔的人就算輸。

這個遊戲的規則簡單至極，輕輕鬆鬆就能享受樂趣，**很適合帶著小小孩一起玩**。

大格鬥桌遊

大格鬥桌遊（Blokus）在台灣又被稱為格格不入，是一款源自法國的占地盤遊戲。它獲得了無數獎項，包括法國年度遊戲金獎、法國年度玩具獎、日本年度最佳玩具獎等。

玩家分選藍、黃、紅、綠色一色，各自把手裡的方塊一一放到棋盤上。

大格鬥桌遊

這是一款比每個人擺放方塊數量多寡的遊戲。
規則很簡單，親子可以一同輕鬆享受遊戲樂趣

遊戲規則是**自己的每片方塊只能放在以角相接的空格**（不能放在以邊緣相接的地方），最後以方塊所占的格子數量來決定勝負。

「到處都有哆啦 A 夢」日本旅遊遊戲 5

這是一款以哆啦 A 夢為主角的地圖大富翁遊戲，地圖上有各地的地名、位置、前往方式和名產等等，不只地理要素，**連計算金錢的問題也囊括其中，能讓小孩覺得好玩，自然而然學會知識**。此遊戲還有環遊世界、宇宙旅行的版本，是一款內容豐富的桌遊。

Monopoly 地產大亨

這是一款收購土地與鐵路，建造房子和飯店，逐漸累積資產的桌遊，至今已有 80 年以上的歷史，**甚至還舉辦過世界大賽，是深受全世界喜愛的高人氣遊戲**。Monopoly 在英文裡是「壟斷」的意思，能讓其他玩家全部破產的人就算獲勝。

玩遊戲時，父母會與孩子認真談判，因此可以全家人一起同樂，一邊培養小孩子的談判力、判斷力與計畫力。

卡坦島

卡坦島（CATAN）也是一款廣受全球好評、源自德國的占地盤遊戲，與大格鬥一樣得過眾多獎項。

它以無人島為遊戲背景，玩家要蓋房屋，獲取資源，再用獲得的資源逐漸擴展陣地。

　　它的最大特色就是**地圖塊的組合變化高達 2 兆種**，每次玩遊戲都能享受到充滿變化的樂趣。由於玩家之間可以交換資源，要如何讓彼此形成互惠關係，談判能力變成重要關鍵。

METHOD 26　建立「金錢觀」

⇨ 讓孩子體驗自我管理

在美國，小孩會擠檸檬水，拿到院子前販賣賺錢，因此「檸檬水攤子」可說是充滿夏日風情的代表性景物。小孩要自己思考如何賺錢，賺了錢之後要花掉還是存起來，有時也會將賺來的錢捐給學校或慈善團體。

此外，他們也會讓孩子從學生時代開始，就積極面對**如何增加金錢**的問題，高中裡也有教導學生金融與投資相關知識的課程。

全球知名的投資家華倫・巴菲特說過「**一個人從小養成的金融習慣可以持續到大**」，並表示沒有金融的基礎，就無法成為一位成功的創業家。

正如同晚年資金的問題現在也成為熱門話題，今後我們將比以前更需要守住、增加、備妥自己的財產。**從小就預先建立良好的金錢觀**，是小孩未來不可或缺的能力。

✔ 要怎麼做才能建立「金錢觀」呢？

傳授孩子「使用零用錢的 5 原則」

身為理財規畫顧問，同時也是推行小孩金錢教育啟蒙活動 NPO 法人「Money Sprout」的創立者羽田野博子，為了培育小孩的金錢觀，提倡**「使用零用錢的 5 原則」**。她表示，讓孩子從小就體驗以下五種心得非常重要。

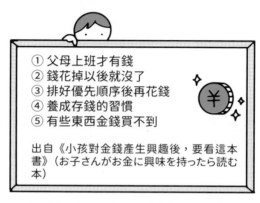

① 父母上班才有錢
② 錢花掉以後就沒了
③ 排好優先順序後再花錢
④ 養成存錢的習慣
⑤ 有些東西金錢買不到

出自《小孩對金錢產生興趣後，要看這本書》（お子さんがお金に興味を持ったら読む本）

應該讓孩子知道的「使用零用錢的 5 原則」

練習用「25 塊錢」買東西

羽田野建議，大人要讓小孩練習思考自己在有限的預算下能買到什麼，並為此調配安排。例如，大人跟小孩一起去購物，在零用錢之外額外給小孩 25 塊錢，告訴他們「你可以買自己喜歡的東西」。

讓孩子思考什麼是「必要」或「只是想要」

金錢觀的重點之一就是使用金錢。首先，先透過零用錢讓小孩體驗如何「調配安排」。

羽田野認為，此時大人要引導小孩去思考並區分哪些東西是「必要」，而什麼又是非必要但「想要」的東西。然後，隨著就讀年級上升，**也讓小孩用自己的零用錢，購買文具等等的必需品**，如此一來，小孩就能學會安排優先順序後再花錢。

讓孩子擁有自己的錢包

羽田野建議，大人可以準備一個小孩專用的錢包，並把零用錢裝進去。當小孩得到過年紅包之類的大筆金錢時，就把錢存入小孩專用的銀行戶頭裡。

補充一提，關於小學生的零用錢行情，在 2015 年度的調查結果中，**最多人回答「每個月給 1 次，1 次 500 日圓」**（金融廣報中央委員會）。可以的話，提供 11 本「零用錢記帳本」，讓小孩記錄自己買了什麼、花了多少錢。

當小孩弄丟東西的時候，則可以讓孩子選擇**「用零用錢重買 1 個，或是零用錢不夠的時候，用小孩自己的存款購買」**。這樣做可以讓小孩切深體會到，如果不好好珍惜物品，錢就會慢慢用光，也能讓他們學到對自己的東西負起責任的感覺。

溝通力

思考力

自我肯定感

創造力

學力

體力

不要出言干涉孩子的用錢方式

　　縱使看到小孩不顧後果地花錢，大人也不要出言干涉。錢只要用了就沒了這種稍微苦澀的體驗，會讓他們學會「**用錢的時候要仔細思考，有時候忍耐一下也很重要**」的教訓。

METHOD 27　養成孩子的「恆毅力」

⇨ 讓努力與熱情發揮功效

英文中的「grit」是指對目標保持興趣，**即使遇到困難與挫折也不輕言放棄，且能繼續努力下去的力量**。換而言之，就是指「恆毅力」。

美國教育部認為這是 21 世紀教育的最重要課題，包括前總統歐巴馬、微軟公司的蓋茲、Facebook 的祖克柏在內，各行各業的領袖們都很重視恆毅力。

身為恆毅力研究的最高權威，賓州大學的心理學家安琪拉‧達克沃斯教授已經以科學方式實證，**人類想要立下豐功偉績，恆毅力比天賦更加重要**。

而且，她獨自設計出測量恆毅力的方法時，發現在社會上表現出色的人所得到的恆毅力數值都很高。

有恆毅力的人，比較容易一路貫徹自己該做的事。此外，研究結果也發現，恆毅力也與幸福感和健康成正比。

雖說恆毅力的高低受遺傳影響，不過達克沃斯教授認為，恆毅力是一種「可以增強的能力」（出自《恆毅力：人生成功的究極能力》）。

✔ 要如何增強「恆毅力」呢？

找到喜好

達克沃斯教授表示，「就連精通一門技能的專家，剛開始也是無憂無慮的新手」，並說過**「在拚命努力之前，首先必須先享受其中」**。

美國的教育心理學家班傑明・布隆姆（Benjamin Samuel Bloom）博士的研究也顯示，無論學什麼，初期能遇到親切、會照顧人的指導者至關重要。**態度強勢且太過嚴厲的父母與老師反而會削弱小孩的幹勁。**

首先，大人要仔細觀察小孩對哪種類的事物有熱情，對什麼有興趣。（參考第 88 頁，METHOD 19：找到「喜好」）

設定「稍微高一點的目標」

找到可以傾注熱情的事物之後，就設定一個稍微高一點的目標，然後為了目標而練習。可以的話，**把在同一時間、同一場所進行的練習當成「日課」看待**。就算還沒找到自己的喜好，也可以用每天要做的事或運動，來設定一個稍微高一點的目標，然後不斷練習，養成勤勉不懈。

休士頓大學心理學教授羅伯特・艾森伯格（Robert Eisenberger）從研究中得到此項結論：練習可以養成勤勉，而**人若能正面迎戰難關的話，就有辦法迎戰其他的難關。**

敢於努力學習困難事物的話，
就有辦法努力學習其他事物

不要馬上放棄

協助小孩不要因為「被老師痛罵一頓」「比賽輸了」「晨練太辛苦」這種一時情緒所左右，**既然已經開始學習，就讓小孩全心全意地專心學到一個段落為止。**

父母要當典範

布隆姆博士針對全世界頂尖的運動選手及藝術家的研究顯示，**對小孩們來說，父母是他們「努力的典範」。**

達克沃斯教授認為，父母也可以為自己設定困難的目標，且必須去思考「自己能用多少的熱情及耐力去努力完成」，以及「自己所採用的教育方式，是否會讓孩子想當成典範」。

留意讚美的方式

比起評論小孩與生俱來的天賦、成果與成績，倒不如讚美他們努力的過程，對他們說**「只要再花一點時間，你就能學會」**，鼓勵他們不要放棄，才能促使小孩發揮繼續努力的能力（參考第 292 頁，METHOD 76：讚美孩子）。

讓孩子被恆毅力高的人包圍

如果周遭都是恆毅力高的人，小孩也會自然而然產生某種類似連帶的關係，想和別人一樣。據說達克沃斯教授的家庭裡，**所有家人都要各自挑戰困難的事物，不屈不撓地堅持、實踐下去**。而恆毅力也可以讓群體更團結。

METHOD 28 順應「男女差異」

⇨ 明白特徵，提升能力

人的大腦分為左右腦。左腦主要掌管語言表達和邏輯性思考，負責分析；右腦主要擔任圖像認知及空間掌握，和直覺或閃現的靈感，以及想像力，擔負情緒類行為。

從大腦發展來看，男孩受到雄性素的影響，因而會壓制生長激素的產生，導致身體和大腦的成熟暫時受到抑制。因此可發現，**男孩大腦發展成熟的時間比女孩晚。**

女孩的左腦比較早熟，為了保持大腦的左右平衡，連結左右腦的胼胝體也會變得比男孩子粗。但另一方面，男孩雖然左腦發育得比女孩慢，不過右腦則會較為發達。

因此，女孩在語言能力上比較優秀、動作靈巧，具有能同時處理形形色色事物的好本領；男孩則只能集中注意力並專注處理一件事情，具有擅長圖形和空間知覺的傾向。

事實上，每個人擅長與不擅長的領域，深受個體差異所影響，**不過在小孩身上的差異，有時候卻是出於男女大腦發育的不同。**

事先了解各自的特徵，就能合理地提高小孩的能力。

✔ 要怎麼做才能妥善順應「男女差異」呢？

要讓男孩多說話

男孩掌管語言表達的左腦發育得比女孩慢。

包括對男孩說話，他們總是只回答一句，這種情況從發育層面來看是正常的。

這種時候，要用開放式問題進行提問，**讓他們多說說話，而大人則徹底當一個聽眾就好**。

日本開成中學、高中的前校長柳澤幸雄，相當了解男孩的教育：「自己想說的事得以表達出來，『靠的不是語言而是邏輯』。為了培育理解邏輯的基礎，大人要督促孩子把句子（文章）從頭到尾好好說完」（出自《一個拉拔男孩長大的母親，到孩子十歲之前都在做什麼》（男の子を伸ばす母親が10歳までにしていること））。

要幫助女孩建立自信

比起男孩，女孩的左右腦發展得比較平衡，所以擅長在同一時間靈活地處理各種事情。然而另一方面，女孩會出現為了不破壞這種平衡而迴避失敗，具有為**回應身邊人們的期待，而有太過認真努力的傾向**。

面對女孩，首先要把家庭營造成可以暢所欲言的安全場所，然後，透過1次一小步的原則，讓小孩積累成功的體驗，

藉以幫助她建立自信。

　　只要擁有滿滿的自信、打破限制，即使是女孩，也能產生柔軟且與眾不同的發想。

用「1 次一小步」的原則，幫助女孩建立自信

不要將先入為主的觀念強加在孩子身上

　　世界各地的調查結果顯示，男女分校不僅成績比男女同校好，對於科目的選擇以及自我效能，也就是具備「只要去做就能成功」的自信，都能產生良好的影響。

　　調查報告列舉出的理由是，小孩不會被強加**「男生讀理科，女生讀文科」的先入為主觀念**，大家可以不用在意異性的眼光，埋首於自己喜歡的學術和興趣中。

　　雖然男女大腦的發育速度確實不同，但差異並沒有像人們以為的那麼顯著。

　　重點不在於「因為是男生（女生），所以要……」，而是**父母要在不損及孩子個性的情況下，默默守護他們成長。**

METHOD 29 不要把孩子「當成小孩看待」

⇨ 什麼是對小孩子抱有「敬意」？

　　阿德勒心理學因暢銷書《被討厭的勇氣》而聞名。奧地利出身的精神科醫師兼心理學家阿爾弗雷德‧阿德勒，因身為軍醫而體驗過戰爭的悲慘，並發明了獨特的教育理論及療法，希望培育出可以**不靠獎懲、責備與暴力手段來解決問題**的人。

　　其理論基礎在於「人人生而平等，不管大人或小孩都是對等的」。阿德勒的目標是希望讓小孩鼓起勇氣，培育他們有一顆能感覺到**「我是有能力的」「我獲得大家認可」**的心。

對待孩子要「對等」

　　如果一昧要孩子遵從大人指令的話，只會造成他們**依賴大人的習慣，永遠無法獨立自主**。不要把孩子當成小孩看待，以對等的態度與他們相處，他們便會用自己的頭腦思考，培養出行動力。

✔ 要怎麼做，才能不把孩子「當成小孩看待」呢？

「分離」課題

阿德勒表示，父母有時候會以「絕對是○○比較好」「應該╳╳才對」之類的語氣對孩子說話，會出現這種行為是因為父母**過度擔心，而插手干預孩子的課題**。

然後，他表示父母的課題和孩子的課題「應該分開處理」，並把父母嘴裡說的都是為了孩子，其實是為了安自己的心的所作所為，稱之為「自我欺騙」。

孩子的課題，原本就應該讓孩子用自己的能力去解決。父母要試著信任孩子，如果小孩能自己解決問題，便能感受到自己是一個有能力的人。

對孩子的想法抱有「敬意」

小孩的視角與大人不同，也有大人所沒有的想像力，而且**實際上，大人從小孩身上學到的東西出乎意外地多**。

「父母比孩子厲害」的成見，無助於提升孩子的靈活思考力。雖說是小孩子的意見和想法，但大人不用太認真地聽，也不要當成沒聽到，重點是要**懷著敬意，去傾聽**。

讓孩子多開口說話，大人則仔細地聽他們說話，如此一來，孩子便能切身感受到「自己被認可了」，因而對自己的想

法也能產生信心。

注意用字遣詞

跟孩子說話，要細心挑選詞彙，就不會變成命令和強迫孩子服從的口吻，那麼孩子衝動、鬧彆扭的機率也會降低。

大人要了解自己的情緒

如果大人對小孩抱有憤怒、不安、擔憂的負面情緒，會讓小孩心生害怕，被迫要聽從大人說的話。

負面情緒會催生出「要我說幾次你才知道」「別說了，請去○○吧」「一定是✕✕才對」之類的命令句，或是小孩沒有反駁空間的強硬話語，**會強烈表現出「父母的地位在上，小孩的地位在下」的單向關係**。

如果父母發現自己有負面情緒，可以換個地方平靜緩和，然後試著冷靜思考：**「自己這麼做是不是只是在干涉孩子的課題？」「我能不能更貼近孩子的感受呢？」**

發現自己有
負面情緒時，
就換個地方平靜下來

METHOD 30 深入「思考」

⇨ 體驗「設計思考」

對生在劇烈變化時代的小孩來說，他們必須具備靈活的思考能力，在形形色色的情境下深入思考問題，並創造出符合每個時期需求的新產物。

於是，「**設計思考**」受到了大家的關注。這個方法原本是設計師使用的手法，現在被活用到其他領域。它是一種迅速生產的思維方式，在觀察人們日常生活的過程中，依自己的方式設定目標、思考假設，將假設立刻落實到簡易試作品裡，然後**一邊聽取人們的感想和意見，一邊重複進行改良**

設計思考所催生的著名案例就是 iPod。設計師觀察大家怎麼聽音樂之後，產生了**「把所有的音樂放進口袋裡帶著走」**的概念，然後不斷反覆試作，最後打造出全球的熱門商品。

希望讓小孩體驗這種設計思考的 CURIO SCHOOL 代表西山惠太說：「小孩們體驗過設計思考之後，會慢慢產生『**沒有答案是理所當然的**』『**答案要由自己創造**』的思維。」

據說，只要用周遭的事物來激發小孩的好奇心，向他們提出問題，小孩就會冒出許多想法。通過各種不同的開放式問題

的提問與對話，逐漸深入思考，就能讓小孩們培育出自己獨特創造答案的能力。

✔ 要怎麼做才能「深入思考」呢？

從周遭的事物中發現「題目」

想要深入思考，就必須要有「主題」。**若是小孩自己想不出題目，就由大人代替他們思考。**

例如，超商裡陳列五花八門形狀的寶特瓶、路上看到的企業標誌……光是在住家附近散步，就能找到各式各樣的題目。

西山表示，只要詢問：**「那個東西是出於什麼原因、為了誰，而被創造出來的呢？」「其中具有什麼意義呢？」**小孩就能不斷深入思考。

你覺得那個標誌，有什麼涵義呢？

把在路上看到的各種事物化為「思考素材」

讓孩子自己想點子

小孩很容易無論如何都想知道「正確解答」。可是，在這種時候，父母要回答：**「爸爸（媽媽）也不知道答案耶，你覺得這是為什麼呢？」**表達感同身受。當詢問小孩「還有沒有其他辦法呢」，他們就會一邊主動調查、思索煩惱，同時思考出屬於自己風格的構想。

讓構思成形

在設計思考裡，先試著製造是很重要的過程。深入思考之後，把看得見的東西化為靈感的入口，藉由創造自己商標圖案的**簡單繪畫與手工藝，讓小孩把自己的點子變成實體**，這樣就能培養他們的思考力和想像力。

換個說法來確認

大人縱使覺得小孩的想法和發言偏離了主題，也不要否定他們，而是傾聽並全部接受。因為**小孩一旦被否定，之後就會不敢再放心發言**。

與其否定，不如換個說法詢問小孩，像是「你的意思真的是這樣嗎」。西山說：「有一種情況其實常常會發生，那就是小孩的判斷雖然看起來錯了，但事實上只是因為表達能力不足，他們其實抓到了事物的本質。」

對大人來說，告訴小孩「那是錯誤的」「這才是正確的」

會比較輕鬆。可是，**換個說法確認小孩的想法**，不但可以促使他們深入思考，還能豐富他們的詞彙及表達能力。

如何產生自我肯定感？

打造一顆善於適應變化的
「堅強之心」

SELF-ESTEEM

METHOD 31 擁有「優質睡眠」

⇨ 小孩睡眠不足怎麼辦？

　　喬治華盛頓大學的臨床神經心理學家威廉・史帝羅（William Stixrud）教授表示，睡眠有「治療」的效果。因為當人類在睡覺的時候，會緩和清醒時所經歷的痛苦情緒，**與壓力有關的化學物質也會從大腦中消失**，因此，早上起床時，人們總覺得頭腦很清晰，其實是有科學根據的。

　　如果人們有充足的睡眠，**大腦會煥然一新，也能控制好思考和行動**。

　　另一方面，身為小兒科醫生的文教大學教育學院的成田奈緒子教授和臨床心理師上岡勇二指出，「當小孩變得容易生氣，難以忍受別人施加的壓力、自己所累積的壓力及不安時，有時候導因就是睡眠不足」。**擁有高品質的睡眠，不僅是為了身體的成長和學力的提高，對於穩定心靈也非常重要**（參閱第321頁，METHOD 85：早睡早起）。

✔ 要怎麼做才能獲得「優質睡眠」呢？

小孩的理想睡眠時間是多久？

　　根據美國國家睡眠基金會的調查，小孩理想的平均睡眠時間根據年齡而不同，3 ～ 5 歲要 10 ～ 13 小時；6 ～ 13 歲要 9 ～ 11 小時。江戶川大學睡眠研究所所長福田一彥教授對此表示，綜觀全世界，日本小孩的睡眠時間很短，而其**主要原因是就寢時間太晚**。

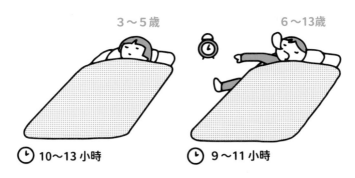

3 ～ 5 歲　　　6 ～ 13 歲

🕐 10～13 小時　　🕐 9～11 小時

藉由「早睡」，確保充足的睡眠時間

洗澡最好在就寢前 90 分鐘

　　史丹佛大學精神醫學教授西野精治教授指出，人們想睡覺的時候，會出現一種特徵，**就是身體內部的溫度，也就是「核心體溫」會下降**。據說，如果在睡前 90 分鐘洗澡，就寢時體溫剛好下降，也就比較容易入睡。

就寢前不要吃東西

睡覺的時候，我們的胃仍會持續進行消化活動。從我們吃完飯，到腸胃的活動告一個段落為止，大約要花費 3 個小時，因此要盡量在**就寢的 3 個小時之前吃完飯**。

早上要曬朝陽

睡眠荷爾蒙「褪黑激素」是一種由大腦分泌的荷爾蒙，在此荷爾蒙的作用下，人們會產生睡意，便能夠自然而然地進入夢鄉。**早晨的陽光會抑制褪黑激素的分泌，夜晚的黑暗環境則會提升它的分泌**。因此，我們早上起床後要馬上拉開窗簾，藉由曬太陽來抑制褪黑激素的分泌，相反地，晚上則為了提高它的分泌，必須控制光線亮度。

睡前 1 個小時不看電子設備

睡覺前接觸藍光的話，會導致帶來優質睡眠的褪黑激素分泌受阻。因此，**吃完晚餐後要關掉電子設備**，把房間光線調暗，讓映入眼簾的光線量逐漸減少。

假日不要「賴床」

福田教授指出，「有資料顯示，大家平日都早睡早起，但週末一賴床的話，就會陷入「社交時差」的狀態，**這將引發大腦萎縮、反應時間變慢和正確回答率下降等等的弊端**」。

此外，日本文部科學省以全國國中生為對象，針對「平常日與假日的起床時間差距 2 個小時以上的頻率」和「是否出現煩躁感」之間的關聯性進行調查，結果顯示，時間差距愈大的人愈感到煩躁，時間差距很小的人則不太會出現煩躁感。

所以說，**平日和假日的起床時間有時差，會導致我們的精神狀態變差**。雖然大家希望能在週末賴床睡久一點，但福田教授說：「可以的話，平日與假日的時差最好控制在 1 個小時內。」

METHOD 32

獲得「各種不同的視角」

⇨ 不要只著眼於 1 個正確答案

　　日本的小孩隨著年齡增長，自我價值感會逐漸下降，到了高中變得非常低。

　　身為小兒科醫生的御茶水女子大學名譽教授榊原洋一指出，其原因之一是「因為考試中常見的『封閉式問題』（解答範圍受限的問題），以及大家總是以它為基準去評價一個人」。他表示，「如果小孩不斷反覆去尋求唯一一個正確答案，**會導致他們只把目光放在自己做不到的事情上**」。

　　雪梨大學神經科學學者艾倫‧斯耐德（Allan Snyder）教授在一項研究中，針對全世界的運動選手、政治家進行調查，結果發現，無論在哪個領域裡，**頂尖的人物在看待事物時，都會用多種不同的方法**。

　　因此，我們必須讓孩子從「正確答案只有 1 個」的框架中跳脫出來，讓他們知道靈活思考的自由。

✔ 要怎麼做才能獲得「各種不同的視角」呢？

建立「可以安心發言的場所」

讓家庭成為孩子可以放下心的場所。所謂的放心，就是能夠毫無顧忌地說出自己意見的狀態。

不要讓孩子有懷疑自己**「是不是錯了」「是不是被當成笨蛋」「是不是被否定了」的感覺**，而是要營造出可以自由發言、輕鬆提問與反駁的氣氛（參閱第 152 頁，METHOD 36：營造出「什麼都能說出口的環境」）。

體驗 1 個問題有許多「答案」

舉例來說，做料理就能體驗「正確答案不只一種」的經驗。只要搜尋一下食譜就會知道，縱使是同一道菜，也會有各種不同的烹調方式，味道的濃淡及風味也各有差別。

除此之外，做料理時，偶爾也會發生出乎預料的意外，**所以每一次都能讓小孩累積如何靈活因應，從反覆失敗的過程中找出成功方法的經驗。**

像是種菜和植物、飼養生物，也能使小孩累積這種經驗。其他包括閱讀、看電影、藝術鑒賞、日常看新聞等等也一樣，透過**全家人一起分享各自不同的看法**，可讓小孩切身感受到每件事都有許多不同的視角。

溝通力

思考力

自我肯定感

創造力

學力

體力

參觀博物館

閱讀

做料理

去美術館

看電影

親子一同經歷，
各種「沒有正確答案的體驗」，
分享不同的看法

讓孩子知道多朵多姿的人生

倘若親子有機會一同邂逅形形色色的人物，便能接觸到各種不同的人生觀，像是享受人生的方法、工作的價值、失敗的經驗及克服難關的方法等等。

一起閱讀傳記也是不錯的辦法。名垂青史的人總是會質疑至今為止的常識，歷經大量失敗，得不到周圍人們的理解，被大家投以白眼，但同時卻又可以創造出偉大的發明與新發現。

經由了解這些人走過的歷程，可以讓小孩的**思考方式變柔軟，並邁入不會用正確或非正解來評價事物的寬廣世界**。

父母也要更新常識

至於父母，或許也應該稍微冷靜思考，自己所認為正確的事情，究竟是否真的正確。

在科學與歷史的領域中，也發生過以前被大家當成常識，如今卻被證實為誤的知識。在大家可以透過網路獲取所有資訊的現代，小孩比大人更了解新常識的情況已經不罕見了。

　　重點在於**父母本身要閱讀報紙和書籍，充實自己，幫自己更新固執的想法與堅持**。

METHOD 33

讓孩子擁有「自制力」

⇨ 知道克制自己的方法

　　小孩之所以發脾氣、耍任性、不能控制情緒和身體，其實是因為大腦的構造所導致。

　　精神科醫師丹尼爾・席格是加州大學洛杉磯分校的臨床教授，他在共同著作《Yes Brain！和孩子一起說好！：正向思考，培養具有膽識、好奇心以及韌性的孩子》一書中，**把孩子發育中的大腦比喻為「建構中的兩層樓房子」**。

　　1 樓是大腦相當原始的部分，負責包含強烈的情緒和本能、消化和呼吸等等基本機能在內的基礎活動。

　　相對地，2 樓則**控制了思考和感情的高階機能運作**，例如制定計畫、思考複雜的問題、發揮想像力等等。

　　根據席格教授的說法，在剛出生的時候，人類的大腦 1 樓便已相當發達，而 2 樓則需要花費時間去進化，據說要到 25 歲左右才會建造完畢。

　　也就是說，因為小孩的大腦 2 樓離建造完成還很久，所以他們**無法控制情緒和身體也是正常的**。

　　在發育期間培育小孩的大腦 2 樓並強化它，便能讓他們理

解自己的情緒，並培育出可以活得沉著冷靜的人生能力。

✔ 要怎麼做才能讓孩子擁有「自制力」呢？

試著用手模擬大腦

席格教授建議大人藉由把拳頭當成自己大腦的方法，讓小孩理解「兩層樓大腦」的結構。

①
理性（4根手指）
克制
情緒（大拇指）的狀態

②
理性消散，
情緒無法克制的狀態

③
理性再度
克制住情緒，
冷靜下來的狀態

用拳頭教導孩子大腦的構造
※ 出自：《Yes Brain！和孩子一起說好！》

① 握住手掌，把大拇指包在內側

把拳頭當成自己的大腦。然後稍微鬆開握著的手，就能看到大拇指。那一帶正是大腦的 1 樓。從煩躁到暴怒、高興到亢奮、悲傷到沮喪，這些時候的**強烈情緒都是從 1 樓部分出現的**。

大腦 2 樓負責掌管其餘 4 根手指，可以讓小孩因為上述那些強烈情緒而躁動不安的內心產生「不要緊的」「冷靜一點」

的念頭。

② 突然豎起 4 根手指

鬆開 ① 步驟時握著的手，然後試著突然豎直 4 根手指。**大腦 2 樓的狀態已經無法繼續幫助 1 樓躁動不安的內心了。**

遇到討厭、痛苦的事，想要怒吼、大吵大鬧的那一瞬間，我們的大腦就是這種感覺。

③ 再次慢慢地彎曲 4 根手指握住大拇指

大腦 2 樓克制住大腦 1 樓的強烈情緒，讓人切身感受到心情變得舒緩。這告訴我們，只要冷靜下來使用理性，就能克制住情緒。

父母行動時也要有自制力

大腦中有一種被稱為**「鏡像神經元」**的神經細胞，它可以在看到周遭人們的動作時，於自己大腦內重現同樣的舉動。據說，人類可以透過這種神經細胞，在腦中模擬別人的行動，從而理解、感同身受。

從這個功效來考量，倘若小孩在鬧脾氣、因強烈不安而慌亂的時候，連父母都跟著失去冷靜的話，可想而知小孩的不安會變得更加強烈。

在這種時候，**父母要盡全力平復情緒，在小孩面前堅定地保持冷靜的態度**，這將可以幫忙培養小孩的自制力。

METHOD 34　鍛鍊孩子的「心理韌性」

⇨ 能夠堅強活下去的「心靈肌肉」

　　一個人在面對逆境、困難和未知事物時，所展現出的不屈不撓、適應能力，以及受挫了也能重新站起來的**心理恢復能力，稱之為「心理韌性」**。而心理韌性就是讓小孩能夠獨立自主活下去的重要資質之一。

　　國際正向心理學會的理事伊洛娜·博尼韋爾博士表示，**心理韌性並非與生俱來的資質，而是像肌肉一樣可以鍛鍊出來**，於是乎，她獨創出名為「復原力肌肉」（resilience muscle）的方案。

　　為了某天面臨逆境和困難時能發揮出心理韌性，我們**平時就要鍛鍊好心靈肌肉**，而這種訓練也被稱為「為心靈打預防針」。

✔ 要怎麼做才能鍛鍊孩子的「心理韌性」呢？

思考「肯定自己的言語」（I am 的肌肉）

博尼韋爾博士表示，知道自己的長處可以催生心理韌性。**試著以「我是～」（I am ～）的形式，以言語表達自己的優點、充滿自信的地方**，例如「溫柔體貼」「拚命三郎」「有趣」，小孩可以自己思考，也能問問家人和朋友等周遭的人。

思考「自己能做的事」（I can 的肌肉）

縱使賽跑時不是最快的，即使不擅長讀書，小孩還是有許許多多可以說「我可以～」（I can ～）的事情，像是「我可以陪妹妹和弟弟玩耍」「我可以幫忙做家事」「我可以一個人去上學」等等。**大人可以陪著小孩逐一思索哪些是他們「自己能做的事」**，而把小孩能做的事情變成「可視化」的過程，可以增長他們的自信。

了解「環境」（I have 的肌肉）

讓小孩列舉出可以用「我擁有～」（I have ～）的句型表達的事物，或是自己很重視的人們和東西，這樣可以引導他們去關注自己所處環境的優點，例如「力氣很大的爸爸」「煮飯很好吃的媽媽」「從嬰兒時就一直很寶貝的玩偶」。

回想「自己喜歡的事物」（I like 的肌肉）

　　棒球、足球、舞蹈、唱歌……有非常多東西都是小孩會喜歡的。大人可以陪小孩一同列舉出能用「我喜歡～（I like ～）」的句型來表達的事物。

　　當腦海中浮現出喜歡的事物，正向情緒逐漸累積時，大腦裡就會分泌出一種名叫多巴胺的荷爾蒙。多巴胺能使大腦覺醒，激發出即使遭遇了逆境和困難也想克服它們的欲望。

I am 的肌肉

自己的優點是？

I can 的肌肉

我能做什麼？

I have 的肌肉

我擁有什麼？

I like 的肌肉

我喜歡什麼？

了解自己，是「心理韌性」的基礎

表達「感同身受」與「信賴」

　　東京學藝大學的臨床心理學家深谷和子名譽教授表示，當孩子感到沮喪、受傷時，父母和家人最重要的是表達自己的感同身受。

　　先以「對呀，這真的很令人氣餒呢」認同孩子的現狀，然

後理解並接受他們的感受之後，再以**「你可以辦到的」向孩子展示自己對他們的絕對信賴**。大人這麼做對孩子來說是一種鼓舞，可以激勵他們生出無論處在怎樣的情勢中，都能堅強活下去的力量。

孩子如果收到能對他們的痛苦心情感同身受的人鼓勵，就會冒出「我再稍微努力看看吧」的想法。

METHOD 35　培育「感謝之心」

⇨ 使心靈富裕的感謝技能

加州大學戴維斯分校的正向心理學家心理學家羅伯特・艾曼斯教授說：「人們如果懷有感謝之心，就不會產生嫉妒、憤怒、後悔和沮喪之類的有害情緒，**我們就不會遠離幸福。**」

感謝之心是藉由每天的小小「練習」，累積成可以一輩子活得積極、正向且幸福的強大力量。

築波大學的社會心理學家相川充教授等人的研究表明，如**果讓小孩學到感謝的技能，之後就會發展成感謝之心。**

相川教授因此建議：「（在學校和家庭裡）雖然大家推薦、獎勵教導小孩肉眼看不見的感謝之心，不過，我還是認為**教導他們看得見的感謝技能比較好。**」

✔ 要怎麼做才能培育孩子的「感謝之心」呢？

每星期安排 1 次感謝時間

相川教授說，只要每星期能至少想起 1 次自己應該感謝的

事情，幸福感就會上升。

我們面對需要感謝的事情時，反而會傾向於**先冒出「真不好意思」「非常抱歉」的心情**。

正因為如此，才要特別留意，並**將眼光看向好結果**，像是「因為那件事，現在自己才能變得這麼棒」「多虧有他，現在我才能這麼幸福」。

和孩子一起回顧過去的時候，適合用以下的句型：

- 感謝「○○為我做了╳╳」
- 謝謝「○○很好吃」
- 感激「我最喜歡的○○陪在我身邊」

父母要當典範

孩子會把身邊的人當成範本，模仿他們做出同樣的舉止與行為。

當孩子說不出「謝謝」的時候，大人要做的不是問：「你的謝謝呢？」強迫他們開口，而是和他們一起道謝，**養成平時就向旁人說「謝謝」的習慣，為小孩樹立典範**。

讓孩子體驗被感謝的滋味

倘若透過幫忙做家事等等的方式，獲得「謝謝你」「你幫了我大忙」的感謝，**孩子便會因自己能幫上忙而感到喜悅**。

根據東邦大學醫學部生理學家有田秀穗名譽教授所言，收到感謝所接受到的溫暖，其實是催產素的分泌而產生的。

先前的章節中曾介紹過催產素是「愛情荷爾蒙」。當這種荷爾蒙分泌的時候，**也具有讓心情變得正面的效果**。

把感謝之情寫下來傳達出去

正向心理學顯示，透過寫感謝信，**不僅是收信的那一方，連寫信的這一方也會提升幸福感**。這告訴我們，在難以用語言表達「謝謝」的時候，用寫的也能表達感謝之意。

製作感恩瓶

拿個空瓶貼上「感恩瓶」的標籤，每當心中想感謝某人的時候，**就把這個念頭寫到色紙之類的彩色紙張上，放進瓶子裡**。然後，在除夕或生日等等的節日打開瓶子，看看裡面的留言回顧一番。

全家人一起寫下感謝和高興的事，並逐步累積

溝通力

思考力

自我肯定感

創造力

學力

體力

營造出「什麼都能說出口的環境」

⇨ 鼓起勇氣寵孩子

英文的「safe」常常用來形容對小孩最理想的成長環境，而這個字在中文裡則被翻譯成「安全」。「safe」不僅僅只是必然遠離物理上的危險，還包含了**「可以無條件地待在這裡」**的涵義。

心理學家阿德勒指出，如果人**從孩提時代就不把真心話說出來，只是不停察言觀色地附和別人，最後會變得無法相信自己。**

無法信任自己的話，也會沒辦法相信周圍其他人，當然也就不會萌生想要為社會上的某個人貢獻力量的念頭。

對小孩來說，他們需要 1 個安全的場所，**可以坦率揭露自己的想法及情緒**，沒有不得不與他人看齊的外界壓力，也不必在意失敗與錯誤。

✔ 如何才能營造出「什麼都能說出口的環境」呢？

用親近陪伴的態度

如果老是批評小孩，將導致他們一直陷在「我如果這麼說，會不會被當成笨蛋」「我如果這麼做，會不會被罵」之類的不安情緒裡。

大人不該要求小孩事事完美，而是**要接納他們原有的模樣，親近陪伴他們，讓他們不會壓抑自己的真實心聲**。

表達愛意

大人可以用語言表達或身體接觸的方式，向小孩表達「你能出現在我面前，我就很開心了」「感謝你出生當我的小孩」之類的心情。

佐佐木正美醫生於過去 50 年來，一直致力於研究兒童精神醫療。他在晚年的著作中寫到，**「父母千萬不要恐懼或討厭寵溺孩子，請使盡全力疼愛並養育他們長大」**。（出自《兒童心靈育成法》（子どもの心の育てかた））

佐佐木醫生表示，「過度保護」並不是壞事，它能讓孩子接收到滿滿的愛意，他們因此在面對眾人時擁有「無可比擬的信賴感」，並培育出「自律心」。

不要搶先行動

然而，佐佐木醫生也指出，**過度保護與過度干涉是不一樣的兩件事**。過度干涉是指父母因為太過擔心孩子，不自覺就搶先孩子一步行動，並且父母會單方面覺得並說出「你這樣做比較好」，而出手幫助孩子。

佐佐木醫生表示，**過度干涉會導致小孩無法獨立自主，且有可能傷害到他們的自主性、主體性**。站在教育的角度，大人面對小孩絕對不能做的事，必須採取最低限度的干涉，可是，佐佐木醫生也對父母提出警告，如果孩子一直被周遭的人命令「你要那樣做，你要這樣做」，他們將會找不到自己想做什麼，而逐漸迷失自我。

小心大人的否定態度

大人的否定想法及態度會傳染給小孩。多倫多大學的生命倫理學家凱瑞・鮑曼（Kerry Bowman）教授說：「**情緒是會傳染的。所有情緒之中，負面情緒最容易傳染給他人。**」

倘若父母的批判、否定想法比較強烈，就會傳染給小孩。那麼，小孩縱使沒有被別人批評，也會對自己失去信心。

負面謠言會帶給小朋友不好的影響

METHOD 37 讓孩子成為家庭的「1 份戰力」

⇨ 交給我吧，感謝你

　　日本內閣府在令和元年版的《兒童、青年白皮書》中分析：「日本年輕人之所以自我肯定感低落，其實與覺得自己沒有用，也就是自我有用感太低有關。」

　　在以前的日本，小孩也是家庭的 1 份重要戰力。為了幫忙爺爺、奶奶與父母，小孩會照顧好弟弟妹妹，如果他們不積極承擔家務勞動的話，家中人手會不夠用。

　　然而，**現代的小孩「幫忙別人」的機會變少了。**

　　現在雙薪家庭增多，父母為了兼顧工作與家庭而蠟燭兩頭燒，小孩的行事曆也被才藝班等規畫所填滿，生活非常忙碌。

　　支援兒童社會參與的 NPO 法人「KoDikara Nippon」林田香織理事說：「現代父母逐漸失去餘裕，**如果沒有特別注意到要讓孩子有時間上場表現，就無法創造出那樣的機會。**」。

　　對忙碌的父母而言，他們常常會覺得與其讓小孩幫忙，倒不如自己動手做比較快。

　　可是，**對小孩來說，做家事是他們能「幫忙別人」的寶貴機會**，做家事是培養自我肯定感的重要體驗。

✔ 如何把孩子變成家庭的「1 份戰力」？

能拜託小孩做的家事很多

家中除了打掃、洗衣服、煮飯，還有其他許許多多的家事，甚至可以說**大約 8 成的家事都被稱為「叫不出名字的家事」**。

大和房屋工業歸納出的前 10 名「叫不出名字的家事」中，有許多小孩也能充分發揮一己之力，例如「把在玄關脫下來丟著的鞋子排整齊」「補充與更換廁所衛生」「把脫下來的衣服放進洗衣籃裡」「把玩具收好」等等。

像這種瑣碎的家事，要讓小孩也幫忙分擔，父母不要一手包辦。

```
┌─────────────────────────────────────────────┐
│        ⟨ 叫不出名字的家事排行榜 ⟩                │
├─────────────────────────────────────────────┤
│ ♛ 第1名  把反脫的衣服、捲成一團的襪子翻回正面       │
│ ♛ 第2名  整理在玄關脫下亂丟的鞋子，放進鞋櫃／把鞋子排好 │
│ ♛ 第3名  補充、更換廁所衛生紙                     │
│ ♛ 第4名  收拾丟在一旁的衣服，掛進衣櫃／把亂丟的衣服收好，放入洗衣籃 │
│ ♛ 第5名  規畫三餐菜色                          │
│ ♛ 第6名  收拾／清洗用完的杯子、寶特瓶、空罐         │
│ ♛ 第7名  整理小孩扔得到處都是的玩具               │
│ ♛ 第8名  補充洗髮精、清潔劑、洗手乳等物品、更換補充包 │
│ ♛ 第9名  將垃圾分類                            │
│ ♛ 第9名  清理卡在浴室和洗臉台排水溝的頭髮／清掃浴室的排水溝、換網子 │
│   (並列)                                      │
└─────────────────────────────────────────────┘
```

出自：大和房屋工業官網／日本倍樂生股份有限公司　投稿募集網站：口碑謝謝！「叫不出名字的家事」

交給小孩來做

讓小孩幫忙做家事的時候，**如果父母插手或插嘴干涉，在**

旁引導的話，小孩就無法體會成就感了。

失敗、半途受挫也是小孩成長路上的必經經驗，大人應該要克制住一不小心就想插嘴、干涉的心情，**下定決心把一切都交給小孩，然後在一旁默默看著他們用自己的方式不斷嘗試，從錯誤中找到成功之路。**

只要小孩可以獨立應對處理，便不會對自己的能力感到不安，人也會變得有自信。

教導孩子有關社會的規則和危險

關於垃圾分類之類的社會規則，以及刀具、火的使用等等，大人應該事先仔細教導小孩。

尤其是與小孩安危有關的事物，例如是否錯誤使用工具、身邊有沒有易燃的物品，**大人務必留意小孩，在旁邊小心守護。**

表達感謝

如果大人不是用「你做得真棒」讚美小孩，**而是說「謝謝你」「你幫了我大忙」，小孩會覺得自己對別人做出了貢獻，自我有用感因此提升。**

此外，大人也可以仔細觀察小孩做家事的模樣，主動開口對他們說「你喜歡做○○吧」「你很擅長做╳╳呢」。

即使大人只是這樣認同小孩，也能提高他們的自我肯定感。

上「才藝班」①

⇨ 選擇才藝班

才藝班可以成為小孩找到自己喜好、增加自信的契機。

然而，**現在的小學生究竟都上什麼才藝班呢？**

根據 2019 年 8 月學研教育綜合研究機構針對小學 1 ～ 6 年級的 1,200 對親子所進行的調查，現在小學生上的才藝班**第 1 名是「游泳」；第 2 名是「為了考試、加強學校課業的補習班」**。

接下去的第 3 名是「函授教育」；第 4 名是「音樂教室」；第 5 名是「英語補習班（以讀寫為主）、英語會話教室」。

該研究機構於 2018 年 9 月所進行的調查裡，監護人希望小孩上的才藝班第 1 名是「英語補習班、英語會話教室」；第 2 名是「游泳」；第 3 名為「珠算課」，**而對小學 1 年級的監護人來說，「珠算課」相當受歡迎，無論男女都列為第 1 名。**

至於原本在 2017 年的調查中排名第 8 的「程式設計」，現在上升到了第 6 名，原因似乎是**因為從 2020 年開始，程式設計變成必修課程，因此受到矚目。**

在日本倍樂生教育綜合研究機構所進行的「2017 年校外

教育活動調查」裡也有相同的答案，針對「比起身體活動和運動，是否更希望孩子努力學習」的詢問，接近 4 成的監護人回答「非常希望」「還算希望」，跟 2009 年的數據調查相比，增加了 13%。

這樣的傾向在低年齡層尤其明顯，學齡前兒童的監護人則從 14.4% 上升到 27.4%，提升了近 2 倍。

「小學生才藝班」排行榜

👑 第 1 名　游泳　28.4%
👑 第 2 名　為了考試而上的補習班‧為了加強學校課業的補習班　16.7%
👑 第 3 名　函授教育　14.2%
👑 第 4 名　音樂教室 (唱歌、樂器等等)　14.0%
👑 第 5 名　英語補習班 (以讀寫為主)、英語會話教室　13.6%
👑 第 6 名　珠算課　7.5%
👑 第 7 名　書法　7.5%
👑 第 8 名　足球、5 人制室內足球　6.9%
👑 第 9 名　武術 (柔道、空手道、劍道等)　5.6%
👑 第 10 名　體操教室 5.5%

出自：學研教育綜合研究所「小學生白皮書 Web 版」(2019 年 8 月度的調查)

從這樣的調查結果中可以看出，**監護人「重視學習」的傾向變強了**。

有許多人提倡，2020 年起日本大學入學考試不要再像先前那樣完全依賴學力測驗，而是**要進行變革，從思考力、判斷力、表達能力和主體性等等各個角度進行評斷**，但是至今還很難看到變革內容，監護人說不定因此感到更加不安。

✔ 要怎麼做才能「聰明選對」才藝班呢？

以孩子說：「我想學！」為第一優先

　　身為教育學家的白梅學園大學名譽校長汐見稔幸表示，親子若因選擇才藝班而發生意見衝突時，他**希望大人務必以小孩的「喜好」為優先**。小孩能具備「我喜歡這個」「我想要把這個練好」的強烈意志是最重要的，**尤其是小小孩，如果他們去上課之後沒有產生「有趣」的感覺，便難以持續**。

尋找適合孩子的指導者與指導方式

　　汐見校長建議，「如果從父母角度來看，若這位老師『善於激發小孩的幹勁』『如果自己是小孩，希望能上他的課』的話，就讓孩子去試試看」。他表示，與其依才藝班的種類來決定，**不如從「如果是這個指導者和這種教學方法，我家孩子可能會喜歡」的角度來選擇會比較好**。

大人可以先去觀摩教學，檢視指導者和教學方法是否具吸引力

首先要決定「目標」

　　教育記者太田敏正建議，當小孩開始上才藝班時，剛開始最好先決定好目標。舉例來說，如果學游泳，目標是「可以用自由式游完 25 公尺」。倘若是有「級別」區分的才藝班，就讓小孩制定目標，看要努力學到哪種級別。

　　或者也可以訂一段期限當成目標，像是「縱使中途學累了也要堅持半年的時間」「要努力到〇年級的成果發表會」。

　　達成目標之後，**再讓小孩自己重新決定要繼續學還是中止課程**。

　　汐見校長說，有時候因為和準備考試衝突，小孩會暫時無法持續學習，不過，只要他們沒有開口說要結束，最好還是細水長流地繼續。在這個人能活到一百歲的時代裡，**小孩所學的才藝說不定會成為豐富他漫長人生的生涯喜好也說不定**。

最後要「正向積極地」結束

　　如果小孩自己主動開口說要結束才藝班，這時正好是讓最初訂下的目標告一段落的「最佳結束時機」。

　　太田認為**「才藝班的結束時機是關鍵」**，並表示「可以持續學到某個段落後才結束的話，小孩便能以『能夠努力學到這裡，真是厲害』『成功達成目標了』這樣正向積極的狀態為才藝班劃下句點」。

METHOD 39 上「才藝班」②

⇨ 從容安排行事曆

近年雙薪家庭的數量增加，父母將才藝班或補習班當成小孩放學留置的去處。對父母而言，這麼做不但可以確保小孩待在讓人放心的托育場所，還能藉此提升小孩的能力，簡直是「一石二鳥」。然而，對小孩來說，卻導致**可以發發呆、自由自在、無拘無束遊玩的時間變少，身心都累積了一定的負擔。**

精神科醫生史都華・布朗博士是研究遊戲的權威。他指出，重點不是大人所安排的才藝班，而是讓小孩「單純玩樂」。自由自在地玩耍，可以讓小孩學會許多技能，像是：整理情緒、遇到不如意時不會感到煩躁、願意傾聽別人所說的話、擁有積極正向的心情，並打下自我肯定感的基石。

讓小孩上才藝班，必須**規畫好適當的行事曆，確保他們擁有自由玩耍的時間。**

✔ 要怎麼安排才藝班的「行事曆」才好呢？

避免行事曆塞得太滿

　　加州大學洛杉磯分校的精神科醫師丹尼爾·席格教授等人為了防止小孩因上才藝班而導致行事曆被排得太滿，提倡父母要注意以下幾項重點（出自《Yes Brain！和孩子一起說好！》）。

● **小孩擁有可以自由支配的時間**

　　父母要注意孩子**是否有充裕的時間**，能跟兄弟姊妹或朋友隨心所欲地一同度過歡樂時光，**或者是發發呆，抑或是全神貫注地投入某件事情之中。**

● **能有充足的睡眠**

　　父母要小心孩子是否因為要上的才藝班太多，而削減了睡眠時間。

● **不要讓孩子累積壓力**

　　父母要謹慎觀察孩子是否出現容易疲勞、心情不好的情況，以及有沒有露出感覺不安或緊張等等的模樣。

● **可以全家人一起吃晚餐**

　　每天都這麼做或許很難，但如果忙到全家人一同在餐桌上用餐的時間都沒有，心靈便無法安定下來。

● **父母不要對行事曆顯露焦躁情緒**

　　如果孩子的行事曆被塞得太滿，父母本身也會因此變得很忙，壓力逐漸累積之後，父母與孩子的對話氣氛也容易變得焦躁。因此，父母要注意**親子雙方是否被過度密集的行事曆牽著鼻子走，導致身體疲憊的情況**，精神方面是否也吃不消。

● **不要頻繁催促**

　　父母應該試著重新回顧，**自己是否頻繁地說「時間再早一點」「動作再快一點」之類的話**。會導致父母說出這樣的話，不僅僅是因為行事曆塞得太滿了，還有可能是小孩已感到身體累了，動作變遲緩了。

能有單純「發發呆」的時間也很重要

用不著很早就開始

除了上述重點之外，在安排行事曆的時候，父母需要事先明白**小孩其實沒必要很早就開始上才藝班。**

山梨大學研究所的教育學家中村和彥教授，針對 40 位奧運各項競賽的獎牌得主進行調查，結果顯示只有 2 位選手從以前到現在只練自己比賽的競賽項目，**其他 9 成在小學時代一天都玩耍 2 個小時以上。**

至於音樂和英語方面也一樣，倘若日常身處在父母愉快地聆聽並學習的環境中，小孩自然會聽到高品質的聲音，從而養成品味能力。

上「才藝班」③

METHOD
40

⇨ **金錢上的調配與安排**

　　2017 年 3 月，日本倍樂生教育綜合研究機構以 1 萬 6,170 名、家中擁有 3 ～ 18 歲（高中 3 年級）小孩的母親為對象，調查她們孩子上補習班等課外「教育活動」的情形，結果發現在孩子 3 歲時，這些家庭每個月課外「教育活動」的平均花費是 3,200 日圓；**當孩子升到國中 3 年級時，花費則攀升到 2 萬 5,900 日圓，達到最高峰。**

　　對於「你會覺得家裡在教育費上花了太多錢嗎」的問題，受訪者回答「非常認同」「頗為認同」的人占了全體的 67.2%，顯見多數監護人都認為教育費的負擔相當沉重。

　　另一方面，家計再生顧問橫山光昭表示「想要壓低小孩的教育費，首先要重新評估的是才藝班費用」，並指出「在很多案例裡，父母都是打著『為了孩子好』的名號，**但如果去詢問那些小孩，卻會得到『其實我並不想去上』『沒特別有興趣，但因為有人推薦，所以就去上了』」。**

　　理財顧問金融專家表示，**理想情況是才藝班的花費占年收入的 5% 左右。**

特別是英語及程式設計類，父母這一代對於沒經歷過或覺得棘手的領域會感到不安是在所難免的，但教育資金的負擔會隨孩子的成長而加重，因此必須從長計議。

✔ 要怎麼安排才藝班的「費用」呢？

把大學升學資金列為第一優先

小孩學費的最高峰是出現在上大學的時候，雖然費用會因為學校是私立或國立而有所差別，但包含入學費在內，光是大學入學第 1 年就必須花掉 90 萬～ 140 萬日圓左右的費用。

橫山說，粗估的基準是「**在孩子大學入學之前，父母必須以 300 萬日圓為目標開始存錢**」。據他表示，光是把政府在孩童 0 ～ 15 歲所支付的育兒津貼全部儲蓄起來，就有將近 200萬日圓。

父母應該以孩子的名義開設帳戶，持續不斷地把育兒津貼及教育資金存放進去，逐步累積。重點是那筆錢絕對不能用在其他地方。

要開始 1 項新才藝，就結束 1 項舊的

增加一種才藝班，影響的不僅僅是上課費用的增加，就連小孩的自由時間也會減少。精通幼兒教育的東京大學研究所綜合文化研究科開一夫教授說：「我希望小孩認知到上才藝班之

後，**能與朋友玩耍的時間，以及與父母一邊吃飯一邊悠閒聊天的時間**會減少，再來判斷哪些才藝是否真的有必要要上。」

把線上課程也列入選項

適合小孩的線上學習課程正在不斷增加，例如線上英語會話和程式設計。

如果使用配合每一個小孩的理解力進行個別最佳化的「Qubena」和「SuRaLa」之類的線上教材，除了能降低費用和交通時間之外，**還能達成對小孩來說最有效率的學習方式，時間上也能更有餘裕。**

有哪些線上課程呢？

① 可進行個別最佳化學習的線上課程
・AI型教材「Qubena」
・獨立學習支援程式「SuRaLa」

② 線上英語會話
・DMM英語會話
・ECC線上課程「兒童英語會話」

③ 線上程式設計課程
・Progate
・迪士尼「Technologia魔法學校」
・CodeCamp

利用線上課程學習英語或程式設計，
可以節省費用及交通時間，學習更有效率

溝通力

思考力

自我肯定感

創造力

學力

體力

METHOD 41 接納

⇨ **給予無條件的認同**

美國心理學家馬斯洛博士假設「人類會為了自我實現而不斷成長」，並將人類的需求分成五層次說明。

一開始是飢餓、睡眠等尋求「維繫生命」的生理需求，等這項需求獲得滿足之後，下一步就是渴望「住在安全地點」的安全需求，接著是希望「一直與家人、朋友親近」的愛與隸屬需求，然後提升到想要「被他人認同是具有價值的存在」的尊嚴需求，需求的內容會一直不斷進化。

「自我實現」的需求位於五層次的頂點，人類想要發揮自己的能力，必須先滿足底下階段的各種需求。這就是馬斯洛的理論。

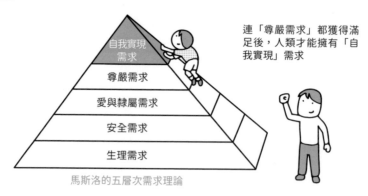

連「尊嚴需求」都獲得滿足後，人類才能擁有「自我實現」需求

自我實現需求
尊嚴需求
愛與隸屬需求
安全需求
生理需求

馬斯洛的五層次需求理論

衷心認同孩子的存在

以引導小孩「強項」的教育方法，擔任過各式各樣學校校長、活躍於教育界的教育家珍妮佛・福克斯（Jennifer Fox）說：「如果希望小孩擁有健全的未來，必須從讓**所有小孩打從心底相信自己有與生俱來的價值**開始。」

也就是說，**為了讓小孩在將來實現自我，我們得要滿足小孩的尊嚴需求**。

為此，接納小孩的原始本質是不可或缺的一環。

✔ 要怎麼做才能接納孩子的「存在」呢？

不要開附加條件

當父母的人總以為自己已經充分認同孩子了，然而，在「因為你很努力」「因為你的成績很好」之類的條件附加下，才稱讚孩子的父母，其實多得出人意外。

縱使是成績出類拔萃、認真努力的小孩，當中也有不少人會畏懼被人疏遠和失敗。

當大人表達「不管發生什麼事，你都是我的寶貝」「不管你怎麼樣，我都非常喜歡」，小孩的尊嚴需求才能真正獲得滿足。

不要強加自己的建議

父母覺得為了孩子好，而想把自己的經驗和建議告訴小孩。可是，小孩不一定每次都需要大人給建議，不少時候他們只是希望大人聽聽自己說話，接納自己的看法而已。

對小孩而言，他們需要大人有理解並相信他們的心。因此，大人如果以「聆聽孩子想法」的態度來面對小孩，小孩反而會主動徵求大人的建議。

不是要求孩子，而是接納他們的「感受」

白百合女子大學的發展心理學家秦野悅子教授說，**「接納小孩的感受」**和**「接受小孩的要求」**是兩回事。

小孩鬧脾氣，不肯改變自己的要求時，大人首先要接納並認同他們的感受。

然後，讓小孩覺得「自己被認同了」而放下心之後，再解釋不能接受他們要求的理由，並重新問出小孩想做什麼即可。

此外，秦野教授還說：「大人帶小孩離開那個場所轉換心情、**緊緊地抱住小孩會讓他們感到安心**，這也都是有效的做法。」

METHOD 42 不做主觀的判斷

⇨ 不因「評價」而限縮孩子的可能性

　　如果父母以「人的資質無法改變」為前提來思考的話，便很容易「評價」小孩的天賦，可能落入用遺傳和天賦來主觀斷定小孩能力大概落到何種程度。這麼一來，**小孩也跟著斷定「反正自己就只有這些能力罷了」，而失去學習的熱情。**

　　但是，身為動機研究權威的史丹佛大學杜維克教授表示，**如果把以下事情告訴小孩，他們的學習欲望及上進心會出現明顯的變化。**

　　「以智力來說，人類可以分成：頭腦聰明、頭腦普通和頭腦不好的人，大多數人以為智力是一輩子固定不變的，可是最近的研究逐漸顯示，事實上並非如此。大腦和肌肉一樣，使用次數愈多愈能提升性能。**科學上的證據也證明，學習新事物會使大腦成長，頭腦會慢慢變好。**」（出自《心態致勝：全新成功心理學》）

孩子的能力會隨著想法改變而提升

　　根據杜維克教授所言，當她說完這番話之後，曾經有個原

本毫無幹勁的少年說「也就是說，沒人可以斷定我是笨蛋，對吧」，並且淚眼盈眶。

給小孩**灌輸「你的大腦由自己開創」的心情**，事實上不僅可以讓他們產生幹勁，成績也能跟著提高。

杜維克教授強調，相信「小孩的能力跟頭腦好壞無關，而是經由練習和學習，必定可以提升」這一點至關重要。

❤ 為了不主觀斷定小孩的資質，父母該怎麼做呢？

意識到「學習新事物會使大腦成長」

人類學習、經歷新事物，會讓神經迴路產生新連結，大腦也隨之「成長」。

了解大腦的構造是「愈轉動、愈用功學習，細胞就愈會成長，而且以前覺得困難的事也會慢慢變簡單」，親子就可以一同共享**「重點不是頭腦的好壞，而是學習和練習」**的觀念。

注意批評和誇獎

杜維克教授表示，父母有時候會極力稱讚孩子是「天才」，或者說孩子「沒有天賦」，將他們與生俱來的天賦貼上標籤。但事實上，**讚美「過程」，也就是讚揚孩子們用什麼樣的方法、付出多少的努力、做出了怎樣的抉擇**，才能促使孩子

能力提升。

不降低基準

評價小孩「你看來好像對讀書不感興趣」「因為你的頭腦不太好」，即使調降目標，也無法解決問題。

杜維克教授的研究顯示，**縱然小孩看起來毫無幹勁，但他們還是具有相當大的成長空間。**

正因為如此，教授說，大人不該胡亂降低標準，而是要去關注小孩有什麼問題不懂、做法哪裡不妥，然後**親子一起思考要怎麼調整**，就能充分發揮小孩的潛能。

也要注意孩子是否「努力過頭」

就算是優等生類型的小孩，他們也不見得全都認為努力用功是快樂的，其中也有案例是被**「如果無法回應父母追求完美的期待，我該怎麼辦」**的不安而陷入絕境。

父母不要主觀斷定「這孩子肯定沒問題」，而是該留意自己是否在無意識中要求孩子表現完美，去仔細傾聽孩子的聲音，了解孩子真正想要的是什麼。

找孩子聊天的範例

「你怎麼了？媽媽（爸爸）有什麼能幫忙的地方嗎？」

「我很了解你擔心的心情，因為爸爸（媽媽）也一樣。」

溝通力

思考力

自我肯定感

創造力

學力

體力

「你發現了很多問題點呢～真厲害！這些問題，你覺得要怎麼處理比較好呢？」

METHOD 43　不強迫孩子

⇨ 相處時保持「適當的距離感」

　　無論哪對父母，對於自家小孩，應該都會有「真希望我家孩子是這樣」的理想吧。然後，只要稍微偏離了那個理想，就會過度擔心，不自覺說出一些不必要的話、採取過多的行動。

　　站在父母的角度，雖然覺得自己是在鼓勵、幫助孩子，但**站在孩子的立場來看，只會覺得自己正處於「受父母強迫」的狀態。**

　　舉例來說，父母不考慮孩子的情緒，就用**「你覺得這樣可以嗎？」「不可以因為這種事就哭！」**的說法，強迫孩子聽從自己認為正確的意見的話，會讓孩子產生被父母拋棄的感覺。

　　相反的，如果和孩子變得太過緊密，父母就會說出「〇〇可能沒辦法完成這件事，所以由爸爸（媽媽）來代替你做吧」，然後想把孩子的不愉快、痛苦，以及可能面臨的困難通通提前防範。這麼做會剝奪掉孩子的「經驗」，**阻撓他們了解自己的能力。**

　　在很多情況下，父母本身並沒有發現到自己的言行舉止對孩子造成的影響，導致許多被迫接受父母想法的孩子只能選擇

生氣或隱藏自己的真實心情。

　　親子之間要保持適當距離，其實相當困難，但父母要先建立「既不會與孩子太過疏離，也不會過於緊密」的認知。

✓ 為了「不要強加父母的想法」，應該要留意什麼事情？

知道真正的問題在哪裡？

　　例如，小孩討厭某樣東西的時候，**大人應該要仔細詢問，他們為什麼會那麼討厭它。**

　　倘若小孩乍看之下毫無幹勁，但事實上是害怕失敗的話，大人可以告訴他們失敗是成長的機會，藉此推動自己向前走；倘若小孩是因為害羞而做不到的話，**大人就與小孩一起思考**怎麼做才能消除羞怯感。這就是「感同身受」小孩的心情。

加上「還沒」兩字

　　史丹佛大學的杜維克教授建議大家，透過「Not Yet 思考法」來轉換想法。

　　當小孩說「我做不到」「我討厭」的時候，大人只要幫忙加上「還沒～」兩個字，就能轉變成**「你只是還沒學會（不想去做）」「（只要再多練習一下）或許就能辦到了」**的動力。

　　就算小孩現在做不到、沒有幹勁，也能培育他們把當下的

情況視為「達成目標或成功之前的一段必經路程」的能力。

不拿別的孩子和自己的小孩相比

　　把自己的孩子和其他小孩相比，也會導致父母湧現不安與擔憂。此外，**小孩昨天明明很積極正向，今天卻消極退縮，這也很常見**。小孩就是如此複雜，情況都不一樣，而且每個小孩的成長方式和速度也都不盡相同。這幾點大人要謹記在心。

不拿自己跟小孩比較

　　因為自己成功了，所以認為為孩子鋪上同一條路走才安全，或者是把自己實現不了的夢想託付給孩子，這些其實全都是出自父母希望孩子過得幸福的心願。

　　但是，**孩子未來的幸福，應當由他們自己在人生中發現**。在社會日新月異的現在，有件事父母必須銘記在心，那就是沒有任何人可以保證，父母的評價基準與判斷在今後的世界也能適用。

父母的想法不要強加在孩子身上

安排「家族旅行」

⇨ 這是對孩子成長很重要的非日常體驗

　　旅行能使人邂逅日常生活中見不到的人，接觸自然、歷史、藝術、文化等等的「真實事物」，使用五感體驗「非日常的經驗」，是擴展小孩視野的機會。

　　東洋大學國際觀光學院的森下晶美教授表示，孩提時代擁有較多家族旅行經驗的人，成人之後的**溝通能力、社會性、為人著想這些方面的自我肯定感也明顯比較高**。

　　根據日本觀光廳的調查報告顯示，孩提時代的旅行次數愈高，覺得旅行經驗**「對現在的自己產生助益」**的人也愈多。

✔ 如何安排 1 場美好的「家族旅行」呢？

決定主題

　　旅遊記者村田和子提倡透過旅行培育身心的「旅育」想法，並一直向大眾介紹，如何讓旅行成為小孩的成長助力。她建議，大家要**為家族旅行設定「主題」**。設定主題時，重點在於大人要依小孩的年齡與成長來選擇適當的內容，但如果小孩

看起來興致缺缺，就不要強迫他們，另外找機會調整。

　　大人可以抓住小孩在日常生活中感興趣事物的線索，或者是親子共同挑戰首度嘗試的體驗，**思考小孩會自願主動參與的主題**。

　　譬如「搭乘臥鋪列車」「體驗挖掘化石」「在牧場擠牛奶」「挑戰獨木舟」「觀察高山植物」等等，有五花八門的主題可以思考。

親子共同進行
第1次挑戰　　〈 海釣？
　　　　　　　　獨木舟？

決定主題後，仔細
討論旅行的目的地　第1次
　　　　　　　　到國外去　〈 關島？
　　　　　　　　　　　　　　台北？

搭船
前往島嶼　〈 太平洋？
　　　　　　日本海？

開作戰會議

　　根據荷蘭伊拉斯姆斯大學的調查，**出門旅行，幸福感最高的時刻是制定旅行計畫之際**。村田女士建議，父母不要把旅行定位在只是帶孩子一起去，而是要讓每個家庭成員各自提出自己想去的地點、想做的事，然後互相商討。

　　倘若孩子還只是低年級，無法自己提出計畫，父母就在預算和日程允許的範圍內多準備幾種方案，讓孩子選擇。村田女士說，此時**仔細引導孩子說出選擇的理由**，也是一大重點。

溝通力
思考力
自我肯定感
創造力
學力
體力

一起準備

　　如果親子可以一邊討論在旅遊景點，需要什麼物品、想做些什麼事情，一邊準備，便能培養小孩的想像力。據說村田家裡會先決定好各種任務：像是由誰擔任「導遊」，負責調查換車的資訊並帶路；由誰擔當「會計」，擔負管理禮物的預算。**把一些任務交給小孩負責，可以讓他們自然而然養成獨立自主的精神。**

在行進間加深溝通

　　旅行必然需要移動，但小孩的三半規管比較弱，一直看近距離的景色容易暈車。

　　家族旅行時，身上不要帶遊戲機，而是**多享受外面的美景、多跟家人聊聊天，把這當成是加深溝通的時間**，如此一來家族旅行會變得更加充實。

留下回憶的紀錄

　　把回憶記錄下來，會比較容易回顧旅行點滴。村田表示，**她會在旅行時，讓全家每個人在明信片上寫下一句話，寄回家當成旅行紀錄**。幾年後再拿出來回顧，便能從孩子從注音變國字的筆跡變化中感受到他們的成長。

　　對小孩來說，如果有旅行紀錄能回想，就能以此為契機，找回旅行的記憶，讓快樂的回憶幫助心靈成長。

METHOD 45 品嘗「小小的喜悅」

⇨ 儲備戰勝痛苦的「樂趣資本」

在每天生活中品嘗小小的喜悅感，可以引導出人的正向情緒。正向心理學家尚恩・艾科爾博士是前哈佛大學的講師，他表示只要心中湧現正向的情緒，視野就會擴展，**對壓力與不安也能產生強大的消毒效果**。

墨爾本大學的正向心理學家莉・沃特斯教授說，把這些小小的喜悅當成**「樂趣資本」**儲存起來，痛苦的時候也就能把那些回憶拉出來，重整心情。

✔ 要怎麼做才能品嘗「小小的喜悅」呢？

發揮五感

只要去覺察視覺、聽覺、嗅覺、味覺、觸覺的話，便容易發現身邊的種種喜悅。**據說「吃葡萄乾的練習」有助於讓五感變敏銳，心情就能平靜下來**，美國有眾多學校都採用這種練習方法。

從容不迫地坐下來，拿起葡萄乾，用初次見到它的心態仔

細觀察。先確認葡萄乾的形狀、顏色、彈性和味道，仔細觀察後把它含入嘴中，**剛開始不要咀嚼，先讓它在舌頭上滾動，試著感受其風味和口感**。接著，緩慢地咀嚼並品嘗葡萄乾，再吞嚥下去。一邊覺察葡萄乾通過喉嚨的感覺，一面想像它被送到肚子裡，進入血液後傳往身體各個角落，逐漸轉化成骨頭與肌肉的模樣。也可以用巧克力、酸梅來代替葡萄乾體驗活動。

「遮住眼睛」吃東西

據說人類的感覺有 8 成依賴視覺。若視覺被阻斷，其他感覺就會變得敏銳，也能**感受到平時沒有發現的喜悅**。「無光餐廳」的概念始於瑞士，現在已經擴展到全世界。這是一種**透過戴著眼罩吃飯，來發現食材新魅力**的嘗試。

遮住眼睛猜測食材也很好玩

正因為看不見自己在吃什麼，所以也會注意別人吃東西的聲音，也因此會運用聽覺。和小孩一起體驗，可以猜猜吃的是什麼食材或比較味道，用玩遊戲的心情來享受這樣的體驗。

製作「剪貼簿」

美國芝加哥羅耀拉大學的社會心理學家佛瑞德・布萊恩特（Fred B. Bryant）教授表示，**過去的美好回憶會提升現在的幸福感**。

布萊恩特教授推薦大家，回憶過去的方法之一是「製作剪貼簿」。**翻閱 1 張 1 張過往的照片，同時跟小孩一起製作剪貼簿，把快樂回憶裝飾得五色繽紛**，可以讓人產生幸福的心情，並且愉快地聊天聊到欲罷不能。

分享給別人

加拿大英屬哥倫比亞大學的研究顯示，人類天生會因為「給予」別人而感到幸福。**就連在不滿 2 歲的幼兒身上都可以看見「自己為別人做什麼，會比別人為自己做什麼表現出更強烈的喜悅感」**。

自己為別人提供幫助的經驗，譬如幫忙做家事、照顧弟弟妹妹和寵物、將零用錢捐出去，都會讓小孩感到很開心。

METHOD 46 關注孩子的「優勢」

⇨ 關注他們就能使其成長

　　因為研究「幸福」而聞名的賓州大學馬汀・塞利格曼教授說：**「過幸福人生的人都知道自己的優勢，並且一直使用它們。」**

　　正向心理學家莉・沃特斯教授的調查顯示，在擁有「關注孩子優勢類型的父母」的 10 歲多小孩身上，可以看出下列的心理特質（出自《優勢教養，開啟孩子的正向力量：讓孩子的優點被看見》）。

- **對人生滿意度高**
- **喜悅與希望的正向情緒強**
- **非常理解自己的優勢**
- **活用優勢，在期限前完成作業**
- **活用優勢，解決和朋友之間的問題**
- **用積極的方法消除壓力**
- **不太能感覺到日常生活中的壓力**

研究顯示，父母關注孩子的優勢，會提升孩子的自我肯定感。

✔ 要怎麼做才能關注孩子的「優勢」呢？

察覺消極的思考

我們身上有一種無意識的心理機制在運作，**這會讓我們完全忽略自己的弱點**，而麻煩的是，我們會在無意識之中，把自己不想接受的弱點強加在對方身上。

心理學上稱呼這種機制為「投射」，**父母嘴裡說為了孩子好，但事實上是把自己的願望寄託在孩子身上。**

不僅如此，大腦原本的設計就是會迅速且頻繁地察覺到錯誤事物，而非正確的。因此，希望父母能預先明白，**比起孩子的優勢，自己在無意識之中更容易注意孩子的劣勢與缺點。**

切換成「優勢模式」

當大人無法跳脫消極思考，滿腦子只能看到小孩的劣勢與缺點時，沃特斯教授說**「這時候父母必須有意識地把大腦內切換成『優勢模式』」**。

為了切換成「優勢模式」，① 請大人先做幾次深呼吸；② 告訴自己「孩子擁有優勢，只不過現在還沒顯露出來。我來打開找到孩子優勢的開關吧」。

因為**大腦會讓能量流向自己的關注之處**，所以只要大人特地去觀察優勢，便會自然而然地關注起小孩的優勢。

進行觀察

沃特斯教授表示，優勢有下列三大要素。

- **擅長**：孩子是否能比同年齡的小孩做得更好？是不是很快就熟練了？
- **熱情**：是否對某樣事物很熱衷且充滿活力呢？
- **頻率**：空閒的時候是不是常常在做某件事呢？

如果能順利地把某件事情做好，小孩會感到很高興，愈來愈熱衷，更加積極地去做。如此一來，**優勢三要素便能產生良性循環，使小孩的優勢更進一步往上提升。**

「擅長」「熱情」「頻率」的良性
循環會強化小朋友的優勢

　　沃特斯教授指出，若無法達成這三大要素，譬如大人唯獨在「擅長」這一項上，強迫小孩去做，就會變成**「表面上看起來像優勢，但其實不是真正的優勢」**。

改變看法

　　縱使有些地方乍看之下像劣勢與缺點，但**只要改變觀點，就能視為自己的強項**。舉例來說，杯子裡裝了半杯水，在你看來是「只有半杯水而已」，或者是「還有半杯水」呢？這即是所謂的「同樣的事物，換個說法就會變得完全不同」，在心理學上稱此為**「重新框架」**，這方法實際應用於心理療法之中。

重新框架的例子

- 三分鐘熱度→**可以很快適應環境／好奇心旺盛**
- 敷衍了事／悠悠哉哉→**隨和**
- 無法靜下來→**像孩子一樣／精神十足**
- 膽小／優柔寡斷→**慎重／謹慎**
- 愛反抗→**能獨立自主／有自己的意見**
- 討厭讀書→**除了讀書，有其他喜好**
- 健忘→**不拘泥小節／勇於挑戰新事物**

挑選並表達優勢

　　選出小孩的優勢，然後默默守護那項優勢，把自己發現到

的地方告訴小孩。

大人可以說「我發現你一直很努力地寫作業呢，我很佩服你充滿毅力又認真的特質哦」「我很高興你願意幫忙妹妹換衣服，你很懂得為別人著想呢」。

或者讓小孩自行挑出一項自己的優勢，然後**將自己覺得把優勢展現得淋漓盡致的經驗談分享給大人**，這樣也能成為小孩清楚認知自己優勢的契機。

METHOD 47 飼養「生物」

⇨ 透過「照顧」來培養溫柔之心

面對人類、動物、植物，想付出慈愛、養育、照顧比自己弱小對象的心情就叫做「養護心」（nurturance）。不僅大人，連小孩也具備這樣的心情。

感受養護心，照顧別人，會成為活力的源泉。尤其開始飼養動物之後，需要餵牠們飼料，撫摸牠們還會覺得心情愉悅，可以直接感受到付出的照顧得到回報。

照顧生物能讓小孩**萌生為別人著想的同理心或愛情，小孩的心靈也會跟著有所成長。**

✔ 要如何聰明地飼養「生物」呢？

比較好飼養的是魚類和昆蟲

魚類與昆蟲在飼養上的經濟負擔較輕，幾乎沒有叫聲和氣味的問題，**不用花很多時間照料。**

比較好飼養的魚類是青鱂魚、孔雀魚、金魚，昆蟲的話則是糰子蟲、蝸牛、獨角仙、蚱蜢等等。

進行管教

養小狗和小貓，為了讓牠們聽飼主的話，不要發生咬傷飼主的狀況，所以不得不進行管教。

大手前大學現代社會學院的心理學家中島由佳副教授便提出忠告說，對寵物的「溺愛」會提高引發問題行動的機率（出自《人類與動物的羈絆心理學》（ひとと動物の絆の心理学））。

動物一旦學到了「自己的要求總是能得到滿足」，便會認定自己是家人老大，**當家人的言行舉止威脅到牠自己的地位時，就會感受到壓力。**

特別是出生 3 個月過後，動物對於新刺激的恐懼會大於好奇，**進而從不安上升到攻擊。** 中島副教授說：「有句諺語說從小看大、3 歲看老，似乎也可以套用到動物身上。」

不能在家養，就在學校飼養

中島副教授等人的研究顯示，小孩即使沒有在家裡養過動物，只要在學校好好學會飼養，也能孕育出想要善待動物的心，發展出願意為別人著想的想法。

中島副教授表示，小孩照顧完動物之後，**給他們抱抱動物、摸摸動物的「互動」時間，相當重要。** 透過「互動」體驗，小孩可以一邊學習動物喜歡或討厭的事物，一邊培養出對牠們的疼愛。

朗讀給狗狗聽

美國有小孩讀書給小狗聽的專案（學習輔助犬專案），不擅長閱讀的小孩，以及無法與朋友好好溝通交流的小孩，都能活用這個專案，把狗狗當成忠實聽眾，**一對一進行長達約 15 分鐘的朗讀**。

因為小孩不必在意其他小孩的目光，所以沒有讀錯被嘲笑的外界壓力，可以更放鬆地專心閱讀。

當大人發現小孩並沒有理解詞彙的涵義時，可以說**「我覺得○○（狗狗名字）應該是第 1 次聽到這個字，你來教教牠這是什麼意思」**，然後跟小孩一起翻開字典查詢。透過狗狗的幫忙，小孩本身縱使不懂，也不會感到自卑，可以按照自己的步調學習下去。

對象是小狗的話，小朋友就能放鬆地大聲朗讀了

如何擁有創造力？

大量「刺激」靈活的大腦

CREATIVITY

學習「樂器」

⇨ 愉快地發揮創造力

　　在美國的喬治亞理工學院創立音樂智慧研究所的前教授帕拉格‧寇迪亞（Parag Chordia）明確點出，在數學和科學領域裡，音樂扮演了「點燃創造力的角色」。

　　此外，前教授寇迪亞說，音樂與藝術是**「人類生存和人類心靈的基礎」**。

　　佛蒙特州大學醫學院教授詹姆斯‧胡德齊亞克（James Hudziak）等人的研究也顯示，**練習樂器在培育孩子的獨創表現力上，具有很大的功效**。

　　演奏樂器的英語是用「play」這個動詞，這是因為樂器可以邊玩邊學習。在學校，音樂總是被當成副科，但它其實是培育豐富創造性時，不可或缺的素養。

✔ 「樂器」要何時選？選什麼好呢？

適合起步的時間是「5～9歲」

　　南加州大學桑頓音樂學校的羅伯特‧克提塔（Robert

Cutietta）教授表示，考量孩子的大腦發育階段，建議最好出生之後就開始跟寶寶唱歌或玩聲音、接觸音樂，嘗試體驗音樂課程則是從 5 歲左右著手，正式起步的話 6～9 歲的年紀剛剛好。

學鋼琴

彈鋼琴是使用雙手，一邊讓 10 根手指分別做出不同動作，一邊思考「現在應該演奏的樂音資訊」和「下一個要彈音符的資訊」，等於演奏者**必須處理龐大的資訊量**，所以對掌管感性的右腦與負責語言及邏輯的左腦能提供極大的刺激。因此，與其他樂器相比，彈鋼琴更能**提升人的計畫性、社會性、解決問題的能力、運動能力和語言能力的智能**。

拉小提琴

為許多孩子上課的小提琴家西谷國登說，拉小提琴可以輕鬆地和別人一起演奏，還能透過練習找到機會與合奏者溝通交流，**自然而然便能培養社交能力**。

而且，小提琴體積小又輕巧，所以方便攜帶，是可以和其他人一同交流並樂在其中的樂器。其價格比鋼琴便宜也是魅力所在，但如果想長久練習小提琴，必須隨孩子的成長換琴。

學打鼓、練吉他

上才藝班的樂器選擇中，鼓和吉他也很受歡迎。鼓因為

「只要敲就會發出聲音」，學起來輕鬆，孩子可以很快熟悉，而且由於**打鼓會使勁全力，所以也有提高運動能力的效果**。

吉他則是在學完基礎階段之前會讓人覺得很困難的樂器，但它具備了可以用來演奏流行音樂的親切感，以及樂器價格適中，這也是受歡迎的理由。

維持每天短時間的練習

如果父母採取「強迫的方式」或要求「花費長時間」來練習的話，會讓孩子討厭樂器，所以，**練習時間只要訂在孩子能維持專注力的「10分鐘左右」就夠了**。練習樂器和培養其他學習習慣一樣，要事先安排好時間，像是在用餐或洗澡前。

根據正向心理學權威米哈里‧契克森米哈伊教授表示，**專注於練習的訣竅是「一直明確訂出目標」**，而且，重點在於那個目標必須是「有點難度，但只要練習就能達到的等級」。

如果孩子可以理解自己現在以什麼為目標的話，便能明確集中精力，也比較容易專注。

今天讓自己學會彈這一小節吧

設定一個只要努力就能達到的「明確目標」，小孩比較容易專注

METHOD 49 「體驗」實物

⇨ 活動身體，刺激五感

被稱為「程式設計教育之父」的麻省理工學院發展心理學家西摩爾・派普特名譽教授留下了這段話：

「知識只不過是理解的一小部分。**真正的理解，是從『體驗』當中獲得的。**」

派普特教授認為，人們想要達到更深層的學習，需要的不僅是在學校學到的知識，而是要自己去體驗，並從不斷的嘗試與錯誤中找出答案。

✔ 「體驗」什麼事物比較好呢？

用大自然的體驗刺激五感

「蒙特梭利教育」是以孩子獨立自主發展為目標的教育方式，據說影響了Facebook創辦人祖克柏與美國前總統歐巴馬。

蒙特梭利教育法很重視「感官教育」。孩子的感官既銳利又敏感，刺激右腦能奠定腦力活動的基礎。**透過培養視覺、聽覺、嗅覺、味覺、觸覺五種感官，可以孕育創造力和表達力。**

因此，在蒙特梭利教育法裡，會藉由體驗大自然和在日常生活中幫忙做家事的方式讓孩子活動身體，並且重視刺激孩子的五種感官。

　　迪士尼和 Google 總公司的內部托兒所採用的幼兒教育「瑞吉歐教育」最近也備受眾人矚目。它的教育主軸是**讓孩子自己動腦思考，使用雙手，動動身體享受活動樂趣**。

透過在大自然中玩耍，培養「五種感官」

讓孩子徹底融入角色

　　曾擔任公立小學教師、實行各種計畫的前東京學藝大學副教授岩瀨直樹提倡「自我導向」學習。

　　岩瀨當國小教師時，導入了名為「作家時間」的學習方法。內容是讓孩子化身為作家，**將自己喜歡的題目發展成作品，再請扮演讀者的同學閱讀**。

　　他表示小孩寫出作品以後，回頭重看，然後修正、改寫，

再請別人閱讀。接著，接收了眾多回饋之後，作品就會變得愈來愈好。累積這樣的體驗，就能磨鍊孩子的寫作能力。

把不受小孩歡迎的作文時間變成「可以把想寫的東西書寫出來的時間」，便能讓孩子享受創作的樂趣。

在針對孩子設計的**職業體驗設施「KidZania」**裡，有許多孩子把後來在那裡實際體驗過的職業當成目標。讓孩子徹底融入角色裡，可以**使他們主動獨立地專心投入**。

進行創作活動

創作活動正是直接經驗。「作家時間」其實也是，程式設計也是創作活動之一。**自己決定想創作的物品，然後思索如何將之付諸行動**，這樣的體驗可以刺激人的創造力。

此外，「Fab Lab」作為次世代的教育環境之一，現在也備受關注。

所謂的 Fab Lab，是**使用 3D 印表機等的最新儀器，就能輕鬆製造出東西的工作室**。它始於 2002 年美國麻省理工學院，如今這種工作室已經推廣到超過全世界 90 個國家、1000個地點了。

因為儀器價格逐漸下滑，Fab Lab 在日本的據點也漸漸增加，在這種場所嘗試體驗創作，也能培養人**打造屬於自己獨一無二作品的能力與自信**。

不被定「型」

METHOD 50

⇨ 大人努力忍住不脫口而出

蘋果公司共同創辦人賈伯斯說：**「所謂的創造力，就是將形形色色的事物連結起來的能力。」**

唯有將技術與各式各樣的豐富學識結合，才能產生讓大家驚為天人的成果，這促成了 iPad 和 iPhone 的誕生。賈伯斯重視的是所謂的**「博雅課程」**，它起源於希臘羅馬時代的「自由七藝」（文法、修辭、邏輯、算術、幾何、天文、音樂），意指豐富的文化素養，有別於專業技能和職業訓練。

在當今需要打破常規構思的時代，不僅得把專業技能鑽研透澈，也重視**跳脫過去學科與領域的框架，擁有廣泛的學識。**

✔ 為了不被定「型」，我們應該注意什麼？

停止用命令句

如果大人用「請（你）去～」「你應該（不應該）去～」這樣的話語強迫孩子，**孩子就會停止自己動腦思考**。像這種命令、禁止與限制的表達方式，被稱之為「You message」。

相對地，「I message」則是表達自己心情的句子。如果大人用「我很擔心會～」「因為～，所以我才覺得放心」表達感受的話，**孩子就會把那些話語當成建議聽進耳裡，並能同時用自己的腦袋思考**。想讓孩子能夠自己動腦思考、採取行動，命令句型會造成反效果。

不貼標籤

舉例來說，即便孩子的數學考不好，若周圍其他人說出「我的數學也不好，你和我很像呢」「因為我們家全都是文科生啊」，孩子就會真的深信「自己不擅長數學」。這是名為「格蘭效應」的心理學現象，意指**當周遭的期待值不高時，孩子的表現就會如他們的預期般下降**。

單方面斷定孩子「你適合做～」「做～根本毫無意義」，也會**造成他們的視野變狹隘**。

當孩子對某些事物很感興趣並表現熱衷的時候，縱使乍看之下與學校課業無關，也沒什麼實際用處，大人也不要插嘴干涉，在一旁守護即可。

尊重孩子的選擇

如果依照父母自以為是的基準限制孩子選擇，又或者是父母代替孩子選擇，可能會封印孩子的潛能。況且，本來就**沒有任何人能保證父母的判斷就是正確的**。

從今天要穿什麼衣服的繁瑣小事，到要玩什麼樣的遊戲、想上什麼才藝班、將來想嘗試什麼，**無論事情大小，父母都應當讓孩子自己一個個決定**。這時父母所能做的，是針對選項為孩子提出建議、進行調查。

　　當孩子的選擇不符合雙親期待，超出大人預想範圍的話，父母就會想否定小孩。

　　可是，父母應該在此時停下那一步，試著反問自己：**「這樣的想法是不是不希望孩子跳脫大人的思考框架，很自私呢？」**。

　　孩子或許會失敗，但父母應該將失敗中的學習視為成長的機會，並且尊重孩子的選擇。

　　包括失敗在內的所有經驗，說不定會培育孩子的恆毅力，進而孕育出未來的發展可能。

要上什麼才藝班呢？

要穿什麼衣服呢？

要邀請誰去哪裡玩呢？

讓小孩養成自己考慮、自己做決定的習慣

METHOD 51 和「電玩遊戲」打交道

⇨ 讓電動產生溝通交流

雖然打電動（打電視遊樂器、玩電腦遊戲）讓很多孩子玩到忘了時間而沉迷其中，這一直讓大家恨得牙癢癢的，不過世界各地都在研究它的教育效果，也慢慢找出了各種優點。

例如，「Minecraft」這一款遊戲，已經在全世界的教育場所受到廣泛應用。這款遊戲是使用類似樂高的積木，製作玩家喜歡的東西，不過它和樂高的不同之處，在於可以享受讓做好的東西自由移動的樂趣。

不僅如此，在建造自己獨有世界的過程中，玩家要製作砍樹的斧頭和挖土的鐵鏟道具，還要思考何種搜集材料的方法比較有效率，據說他們可以藉此獲得創造形形色色的靈感與解決問題的能力。

此外，瑞士日內瓦大學的神經心理學家達芙妮・巴維拉（Daphne Bavelier）教授表示，老中少都很喜歡的動作遊戲，具有強化專注力、計畫性、批判性思考、反射神經與立體的認知能力（讓在大腦裡描繪出的物體旋轉的能力）的效果。

在美國已經有由遊戲開發者和教育專家聯手規畫、以電玩

學習為基礎的學校。

東京大學大學院情報學環的講師藤本徹很清楚電玩與教育的相關研究。他說：「父母與其對遊戲抱著莫名的擔憂，不如積極地參與其中，這麼一來**孩子就能接收電玩帶來的正面影響，而不會成癮。**」

✔ 要怎麼做才能好好地和「電玩」打交道呢？

在父母看得見的地方玩

讓孩子在父母看得見的地方玩電玩，而父母則從旁好好關注孩子打電動的狀態，並且要徹底貫徹**「不把主機帶進自己的房間」「主機和充電器放在客廳的固定地方」**的規則。

活用電玩分級

電玩有時候會有暴力、性行為的場景，不適合讓孩子看到的東西非常多。

電腦娛樂分級機構（CERO）是日本的特定非營利活動法人團體。這個機構根據電玩軟體呈現的內容，標示適合的玩家年齡，所以在選擇孩子要玩的電玩時，大人可以選擇「CERO A」（適合全年齡玩家）標準最嚴格的類別。

注意會收費的遊戲

在線上遊戲和手機遊戲中，有些遊戲會一邊強調自己免費，一邊卻又煽動玩家的貪圖僥倖心理，讓玩家購買道具。倘若孩子是用父母的智慧型手機或平板電腦玩，**有可能在沒被發現的情況下付費給遊戲公司**，所以父母必須多加注意。

特地與孩子聊電玩

藤本老師指出，「若是討論棒球和足球的話題，親子明明會親密直白地聊，但換成電玩主題，因父母自身不感興趣，反應便顯得意興闌珊。因電玩造成的親子不和，很多就是因為這種溝通不足而引起的」。

電玩其實可以當成親子溝通交流的工具，像積極地談論電玩，或**父母請孩子教自己玩，親身體驗**。這樣一來，孩子會確切感受到自己與父母的信賴關係變得更牢固，也會**萌生自律心，自動控制玩電玩的時間**。

和孩子一起打電玩、詢問打法，把電玩當成交流工具

大人試著叫孩子「去打電動」

當孩子沒有遵守約定，繼續打電動時，父母會因過於憤怒而禁止小孩玩。

可是，對人類來說，**被禁止做某件事反而會對它更感興趣，而想採取相反的行動**，這種心理學現象叫做「卡里古拉效應」。

也就是說，與其禁止孩子打電動，不如每天強制他們去玩，並且不斷干涉他們的玩法，這樣一來孩子有時**反而就會對電動失去興趣**。

藤本老師說：「父母總是只注意到孩子玩電動的樣子，但在孩子以自己的方式忙碌努力的一天裡，享受電玩樂趣也是他們的一種休息時間，嚴格限制的話，反倒容易造成他們偷偷摸摸玩。與其這樣，不如制定『**把功課和家事好好做完以後，你可以痛快地打電動**』的規定，才能促使孩子採取理想的行動，主動用心尋找與電動打交道的方法。」

METHOD 52　發揮「好奇心」

⇨ 父母本身要追求「興奮期待感」

　　好奇心是創造力的源泉。愛因斯坦有一句名言是**「放棄感動的人，如同活死人」**，而充滿興奮期待的心情會讓人產生熱情，驅使他採取行動。

　　根據 2012 年經濟合作暨發展組織的研究，以 16 ～ 65 歲的成年人為對象所進行的調查顯示，日本的學力在數字思考力上位於世界頂尖水準，然而學習新事物的熱情卻非常低。而且，據說**日本 20 歲國民的好奇心水準和瑞典的 65 歲國民相同**。

　　現代科技發達，無論遇到什麼只要當場「Google」一下，立刻就能獲得我們想知道的資訊。

　　但另一方面，也有人指出，這種簡單與便利反而造成危害，如果我們沒有特地去積極地深入探索未知事物，**將會削弱好奇心**。

　　為了培養小孩**「想知道新事物」「學習不會的東西很開心」**的興奮期待心情，孩子需要感動體驗。

✔ 要怎麼做才能發揮「好奇心」呢？

不要立刻告訴孩子答案

現在只要上網查，馬上就能明白自己不知道的事物，進一步把連結一個個點開的話，資訊就會源源不斷地跑出來。

面對孩子提出的疑問，父母用這種方式給出答案，就以為解決問題了，但是常見的情況是**孩子即使輕而易舉就知道答案，卻未必記得住**。

特地花時間去確認才能加深孩子的好奇心，因此倒不如讓他們繼續抱著「這是怎麼回事呢？」「我想知道！」的困惑心情，自己去圖書館查找資料。

父母可以藉由教導孩子如何自己查，從旁提供援助。

放圖鑑

東北大學的腦科學家瀧靖之教授建議，把恐龍、宇宙、昆蟲、動物、魚類、植物、人體、岩石等**各式各樣的圖鑑擺放在孩子隨時都能接觸到的地方**（《用圖鑑培育出「聰明小孩」》（「賢い子」は図鑑で育てる））。剛開始父母要跟孩子一起共讀，一邊出聲「不知道牠還有什麼樣的夥伴呢」，一邊愉快地誘導小孩。最近圖鑑附贈的 DVD 不僅畫質佳，還非常寫實，更能激發孩子的好奇心。

讓孩子沉迷於喜好

縱使孩子只對寶可夢的角色或戰隊英雄感興趣，也要讓他們盡情沉迷其中。**全神貫注在某件事情上的經驗，會成為孩子追求好奇心力量的泉源。**

不僅如此，瀧教授說，戰隊英雄或人物角色的故事裡，常常都有一定的模式，因此也可以讓孩子連結他們對宇宙、星座與恐龍的興趣。

父母也要很興奮期待

倘若父母單向地提供孩子圖鑑，命令他們「給我看這個」，卻又同時表現得毫無興趣的話，孩子就不會對圖鑑產生好奇心。父母應該也要追求自己的好奇心，**表現出遇到不懂的地方就去調查的習慣，或把新知識告訴別人的喜悅**。如此一來，孩子就會產生學習新事物的欲望。

帶孩子出門

當孩子從圖鑑中學到知識之後，為了進一步加深知識，大人可以試著帶他們出門去外面的大自然或博物館玩。先在書桌上獲得知識，然後使用五感去體驗實物，不斷重複這個過程，便能**大範圍刺激孩子的大腦，打下好奇心的基石。**

溝通力

思考力

自我肯定感

創造力

學力

體力

讓孩子從大自然中體驗他們從圖鑑上學習的知識

METHOD
53

用「肯定句型」說話

⇨ 轉換負面消極的思考

人類很難忘掉負面的情緒和思考，經常在不知不覺中滿腦子都想著那些事。

這是因為在人類進化的過程中，懷有恐懼或不安、憤怒和指責的負面、消極情緒，可以保護自己免於生命危險，可是最後**大腦卻反倒以為那些負面情緒更為重要**。

負面消極的情緒會引發緊張、疲勞感、無精打采與沒有自信，會壓抑我們不害怕失敗、想要挑戰新事物的心情及行動。

國際正向心理學會的理事伊洛娜·博尼韋爾博士將負面情緒比喻成**「站在肩膀上灌輸我們思考習慣的鸚鵡」**，並制定出改變孩子感受方式的計畫（《培育孩子擁有一顆「不畏逆境的心」》〔子どもの「逆境に負けない心」を育てる本〕）。

肩上的鸚鵡有 7 種，分別是：說「這都要怪誰啊」的**指責鸚鵡**；說「那是不正確的」的**正義鸚鵡**；說「自己比所有人都糟糕」的**輸家鸚鵡**；深信「肯定會發生不好的事」的**擔心鸚鵡**；覺得「我不可能辦得到」的**放棄鸚鵡**；自責「都是我的錯」的**罪惡感鸚鵡**；覺得「那些都和我無關」、不去正視問題的**冷漠**

鸚鵡。

當孩子陷入負面想法的時候，**父母要陪他們一起思考，現在停在肩膀上的是 7 種鸚鵡中的哪一種，然後思考趕走鸚鵡的方法。**

然後，把鸚鵡灌輸的否定句型逐漸替換成肯定句型。

用上述方式重整心情，便能引導孩子產生正向積極的心情與行為。

✔ 想用「肯定句型」說話，要怎麼做？

試著改變鸚鵡的話語

首先，先以「就是說啊」「我懂你的心情」的方式，對孩子的負面、消極情緒表達感同身受之後，再提醒孩子：**「如果你試著把說法改得比較積極正向，不知道會有什麼效果呢？」**

讓孩子想像鸚鵡會說出的臺詞，然後在後面接上：「可是……」讓孩子去思考後面該說什麼樣的話語，才能催生出積極正向的行動。

譬如，跟說出「那傢伙做的事是錯的」的指責鸚鵡和正義鸚鵡時，可以在後面接上**「可是我自己可能也有不對的地方，所以要改正」**。

跟「不知能不能順利成功，很擔心」的擔心鸚鵡說話時，就接上**「可是，比起什麼都不做，實際去做或許可以獲得好經**

驗也說不定」。

面對說出「我不可能辦得到」的放棄鸚鵡和輸家鸚鵡時，就接上**「但我還是試著再努力一下。」**

用上面的方式接續，就能把負面情緒一點一滴轉變成正向情緒。

思考想讓怎樣的鸚鵡停在自己的肩膀上

與其去回應負面話語的鸚鵡，**親子一起思考肩膀上站著的鸚鵡會說出什麼言語比較好**。

讓孩子自由聯想會幫自己加油打氣的鸚鵡、使自己安心的鸚鵡，像是會說「別擔心！只要肯做，就會成功的」的鼓勵鸚鵡，或「你做得很好，放輕鬆、放輕鬆」的放鬆鸚鵡。

重視「Yes, and」的思維

當孩子訴說夢想的時候，心中會充滿正向情緒，可是大人有時候會不自覺站在現實層面考量，**潑冷水而說出：「我覺得那是不可能實現的……」**

此外，如果大人先暫時用：「你說的主意很棒呢，但是……」的說法一邊肯定孩子，下面卻用實現的可能性太低等理由，最終否定孩子，這樣的說話方式（Yes, but）恐將孩子的情緒引往消極負面。

據說在創造力聖地的矽谷，為了不阻斷人們的自由構思及

靈感，那裡充滿了「Yes, and」的思考，**大家會用：「對啊，然後呢……」這種可以繼續深入挖掘靈感的問法**。

即使對象是孩子，大人也可以採用：「然後，我們可以怎麼做呢？」「要怎麼做才能實現它呢？」的正向溝通交流，使孩子積極發揮創造力。

METHOD 54

接觸「藝術」

⇨ 用輕鬆的心情，講述各種感想

　　全美頂尖的美術大學羅德島設計學院的前校長前田約翰是這麼說的。

　　「雖然 20 世紀的世界經濟是由科學與技術帶來改變，但**21 世紀的世界經濟將由藝術和設計來引發改變。**」

　　事實上，藝術在近年來打破了固定概念，帶來了自由靈感，在商業界也開始受到重視。

　　接觸真正的藝術作品，可以使人們從那份感動中激發創造力。由哥倫比亞大學藝術教育中心所進行的調查顯示，**學生上的藝術課程愈多，創造力就愈高。**

　　東京工藝大學的平面設計師福島治教授說：「**用欣賞藝術的方式刺激右腦，能激發與平時不同的靈感。**」不僅如此，描述自己有什麼樣的感受，聽聽其他觀賞者的理解，可以讓人獲得全新的靈感。

✔ 要怎麼做才能有效地接觸「藝術」呢？

根據紐約現代藝術博物館創造出名為「對話式藝術欣賞法」的教育計畫，指出每組花 15 ～ 20 分鐘的時間仔細欣賞 1 項作品，然後在專業研究員的帶領下，**大家一起討論從作品上獲得的感受、想法。**

世界各國的教育場所都在運用這個計畫，尤其是美國，約有 300 所學校，以及大約 100 間美術館、博物館導入了此項計畫。全家人一同出門的時候，也可以參考這種欣賞方法。

放輕鬆前往美術館

大人不需特別準備，也不用擔憂「對孩子來說，藝術可能還很難理解」「孩子可能會覺得無趣」。只要將出遊當成見識真品的機會，**親子輕鬆一同享受其中的樂趣**，悠哉地出門去。

選擇喜歡的作品

沒有必要去知道作品的創作者是誰、用了什麼技巧、是什麼時代畫出來的，甚至不用在乎美術的相關知識，而是**以嶄新的狀態面對作品，親子一起選擇喜歡的作品。**

親子對話

接下來，面對自己喜歡的作品時，盡力發揮想像力。「對

話式藝術欣賞法」會詢問 3 個問題。

- **這項作品裡正發生什麼事呢？**
- **從作品的哪裡產生這種想法呢？**
- **還有其他發現嗎？**

因為沒有正確答案，所以可以自由發想去深入挖掘。此外，當孩子的發言結結巴巴的時候，**大人可以主動用「你是想說～的意思嗎」的方式，換個說法幫忙表達**，如此一來孩子會發現自己的感受，也能增加詞彙。

> 這裡面正發生什麼事呢？
> 哪一點讓你有這種想法呢？
> 還有其他發現嗎？

藉由提出問題，加深孩子對藝術的興趣

接納各式各樣的意見

福島教授說：「透過對話式藝術欣賞法，遇到各式各樣的意見，**可以讓我們體驗到『每個人的感覺都不同』**。」與家人和朋友們一起自由發言，孕育出可以接納各種意見的土壤後，也會使新靈感比較容易萌芽。

讓孩子「全神投入」

⇨ 不要干擾孩子進入心流狀態

所謂全神投入，就是幾乎已經感覺不到身體的存在，忘了時間、注意力深入集中在某件事情上。正向心理學家契克森米哈伊教授稱之為「心流體驗」。據說，**這一般發生在做自己喜愛之事的時候。**

契克森米哈伊教授調查後發現，像是充滿創造力的藝術家、科學家、運動選手之類**活躍在各種世界舞台上的人，都毫無例外在進行「心流體驗」。**

瑪莉亞‧蒙特梭利博士既是幼兒教育家，也是醫生，她在心流這個概念尚未存在的時候開始，便已經關注起孩子全神投入的模樣，並持續進行觀察，能夠全神投入的體驗也被當成「蒙特梭利教育法」的支柱。

此外，哈佛商學院的社會心理學家泰瑞莎‧阿馬比爾（Teresa M. Amabile）名譽教授表示，比起周圍的人給予的獎項、金錢及評價之類的東西，興趣、樂趣、滿足感和行為價值這些**從內心湧出的動機愈大，一個人就愈具創造力。**

孩子什麼時刻才會處於心流狀態呢？仔細觀察的話，便能

看出是孩子做想的與擅長的事的時候。

✔ 要怎麼做才能讓孩子體驗「全神投入」呢？

營造簡單的環境

在加州大學洛杉磯分校擔任臨床副教授的教育心理學家夏洛特・瑞斯尼克（Charlotte Resnick）表示，**想要提升孩子的創造力，就應該把環境變「簡單」**。

環境簡單的話，注意力就不會分散，可以全神貫注在自己感興趣的事物上，也能發揮想像力，動腦筋思考。只要用布蓋住架子或玩具籃也有同樣效果。

關閉螢幕

美國天普大學的發展心理學家凱西・赫胥－帕賽克（Kathy Hirsh Pasek）教授說，98％ 的人「無法一心多用」，**想要集中精神，就該阻斷四周的刺激和噪音**。尤其智慧型手機的誘惑力很大，孩子總是被來自螢幕的刺激牽著鼻子走。

要全神投入某件事，想集中精神的時候，**必須遠離身邊的手機、電玩和電視**。

增加積極活動的時間

在度過自由時間的方法上，需要注意的是「積極度過」與「被動度過」的差異。契克森米哈伊教授說，他並不否定一邊看電視一邊放鬆休息，或者去購物中心閒逛，但**問題在於這樣的行為是否適量**。

用被動的休閒娛樂來度過自由時間的話，消耗的精力就會比較少，卻很難有心流體驗。

契克森米哈伊教授等人的研究顯示，比起進行被動式的活動，在自由時間進行積極性的活動，像是運動或從事個人興趣，更能擁有大約 3 倍的心流體驗。

此外，在德國進行的大規模調查報告也指出，愈常閱讀書籍，體驗心流的次數就愈頻繁，但看電視的話，結果卻是相反的。

不要催促

好萊塢鬼才史蒂芬・史匹柏無法坐下來好好用功讀書，一心沉迷於用 8mm 的相機，把玩具火車頭對撞的場景拍攝下來。但據說，他的母親自始至終都從旁溫柔守護著這個兒子。

孩子一旦開始沉浸於某件事之中，大人就要**重視他們全神投入的狀態**，盡可能不要催促他們「下一次是做○○的時間，動作快一點」，或是說「該結束了」並中途強行打斷的舉動。

製作和試驗

⇨ 一邊動手，一邊找答案

　　慶應義塾大學綜合政策學院的井庭崇教授舉出，在高度成長期，社會的關鍵字是「消費」；在 21 世紀初，關鍵字是「資訊」（溝通交流）；而接下來的時代則是「創造」。

　　他表示，在未來的社會，大家應該會開始重視**透過真正製作某樣東西的經驗，去學習知識和技能，拓展視野，使自己不斷成長的學習方式**。

　　所謂的製作，並不侷限於物理上的「製作」，也包括對社會上五花八門的問題制定新的解決方案或企畫。

　　這並沒有唯一的正確答案，大家要與其他人一起分工合作，**很有耐性地反覆進行試驗，修正錯誤，從中找出屬於自己的答案**。

讓孩子擁有能「不斷嘗試，從失敗中尋找答案」的力量

　　MIT 的發展心理學家西摩爾・派普特（Seymour Aubrey Papert）名譽教授說，一邊製作一邊學習時，最重要的是：「修正錯誤、重做、再度試著實踐的『排除錯誤』（debug）

過程。」

　　加州大學柏克萊分校的社會學家克莉絲汀・卡特（Christine Carter）是一位資深研究員，**為了讓孩子進行這種「排除錯誤」的體驗**，她列舉出幾項**父母的必備知識**。

✔ 要怎麼做才能「製作並試驗」呢？

給孩子專屬的空間

　　為了讓孩子能夠自由自在地創造自己的世界，大人要事先規畫好**弄亂、弄髒也無所謂的「製作」空間**。

確保孩子有自由時間

　　大人要確保孩子擁有一段可以自由度過的時間，且大人完全不會開口干涉。只不過，不要讓孩子打電動或玩現成的玩具。

準備材料

　　父母可以事先在孩子的專屬空間裡，常備可以畫畫、拿來手工製作物品的繪畫用具、舊衣服、空箱之類的雜物、積木與樂高之類的方塊（卡特教授舉出，**父母用不到的舊相機**等物品，也是可以給孩子的道具佳例）。

溝通力

思考力

自我肯定感

創造力

學力

體力

父母不做判斷

當孩子想做什麼的時候，大人卻做出「那個不行」或「這個主意比較好」的判斷，會造成孩子的創造力萎縮。

面對孩子想製作的東西和想嘗試的事，**大人不要用自己的觀點來判斷，而是讓孩子按照自己的喜好去嘗試。**

學習程式設計

除了以上 4 個卡特教授分享的心得之外，**程式設計也能讓孩子體會到「製作」的樂趣。**

程式設計幾乎不可能一次就順利成功，要反覆進行多次「排除錯誤」，最後才能如願以償地運作成功。

讓孩子學習程式設計的最大意義，不是按照大人吩咐、準確地完成課題，而是**要讓他們一邊很有耐心地不斷修正錯誤，一邊建立恆毅力。**

透過「生產製造」時不斷摸索、反覆試驗，讓孩子獲得恆毅力

METHOD 57 豐富孩子的「想像力」

⇨ 現在的「沒有意義」會成為將來的力量

俄國的心理學家李夫・維高斯基說：「人類所擁有的想像力是創造力的重要基礎。」並且，他指出**遊戲和興趣正是將各式各樣的創造連結在一起的根源**。

想像力並非僅限於藝術方面的領域，在科學及日常生活、人際關係上也不可或缺。維高斯基表示，**想像力並非是一小部分天才才擁有的特殊能力，而是所有人都具備的**。

畢卡索留下了這樣一句話：「每個小孩都是藝術家，問題在於長大之後，是否能繼續當位藝術家。」不要傷害孩子與生俱來的想像力，並充分地培育它，這將成為他們開創新未來的力量。

✔ 要怎麼做才能豐富小孩的「想像力」呢？

讓孩子自由玩耍

MIT 的密契爾・瑞斯尼克博士開發了兒童程式語言「Scratch」，他很關注孩子在幼兒園的學習方法，並說「所

有年齡層的學習者都應該像幼兒園孩童一樣學習」。而且也表示，孩子**一邊享受自己挑選的遊戲，一邊進行實驗、製作、進行五花八門的挑戰**，這樣的體驗相當重要。

然而，若孩子的行事曆全被補習、才藝班給塞滿，時間也都被電視、電玩或 YouTube 給搶走的話，沒有其他餘裕去發現內心湧出的想像之芽。

因此，父母有必要為孩子創造出一段**可以按照自己的步調從容不迫度過的時光**。

不要給太多玩具

美國托雷多大學的兒童發展學研究小組表示，**玩具愈少，孩子愈能長時間集中精神玩耍，更能發揮探究心和想像力**。

對孩子來說，比起玩具，空箱和空罐這類物品更是能激發他們想像力的好玩遊戲道具。

和朋友一起玩耍

玩耍或創作時，如果能有**一起分工合作、共享、互相刺激的夥伴**，孩子更能發揮想像力。

閱讀

閱讀可以使我們在想像中經歷現實世界所無法體驗的事物。**共讀是一段親子能攜手進入想像世界的快樂時光。**

應答

　　語言的發展會影響孩子的想像力。法政大學的發展心理學家渡邊彌生教授表示，假如孩子看著雲朵說「它看起來像○○」，大人不要只是回應「是啊」，**還可以說「媽媽（爸爸）覺得看起來像╳╳耶」，把自己的想像也說出來。**

　　透過這樣的對話，可以使孩子的詞彙更豐富，從而擴展他們的想像世界。

乘著那朵雲，能飛上外太空嗎？

它看起來好像軟綿綿的床，雲朵裡面發生了什麼事呢？

用各種答案刺激孩子的想像力

珍惜「沒有意義」

　　在心理學裡，想像力並非從無到有，而是奠基於過去的經驗。從大人的角度來看，即使無法理解「為什麼孩子這麼拘泥於那件事呢」，但**此刻對那個孩子來說，每一個經驗都是不可或缺的**。重點在於，縱使孩子的舉動乍看之下沒有意義，大人也要仔細地在一旁默默守護。

進行「冥想」

⇨ 親子一起來，就能做得很開心

　　所謂的正念認知治療法，是以坐禪冥想為起源的冥想法，最尖端的大腦科學和精神醫學領域都在研究它。正念認知治療法是將意識導向現在這一瞬間所發生的事，並**原封不動地接納它，讓大腦的疲勞歸零**。如此一來，不安、緊張、外界來的壓力就會減輕，**心靈會處於更加正向且放鬆的狀態，幸福度也會提升**。

　　由於全世界的菁英和頂尖運動員都在實踐正念認知治療法，而備受大家關注。現在，以發祥地美國為首，世界各國的教育場所都採用這種治療法。不僅如此，荷蘭伊拉斯姆斯大學的研究小組也發現，**1 天進行 10 分鐘左右的正念認知治療法冥想，具有提高創造力的效果**。

✔ 要怎麼做才能開心地「冥想」呢？

慢慢坐下來呼吸

　　挺直背脊坐下來，放鬆腹部與肩膀的力氣，也可以盤腿

坐。手放在大腿上或貼著腹部，眼睛閉上或微微向前看。慢慢地從鼻子吸氣，感受腹部膨脹起來，吐氣時肚子往內凹，然後把注意力集中在空氣通過鼻子的感覺。**即使有多餘的事物浮上腦海也不要慌張，重新留意自己的呼吸，保持這個狀態大約 3 分鐘。**

關注身體的動靜

　　身為正念認知治療法的權威，在耶魯大學從事尖端腦科學研究的久賀谷亮醫生建議大家，如果不擅長坐下來靜止不動進行冥想，可以採用**「運動冥想」**（Movement Meditation）的方式。這個冥想法藉由詳細關注身體的動靜，來使頭腦中的雜念歸零。

　　舉例來說，雙腳張開與肩同寬，一邊意識**「肌肉和關節是如何活動」**，一邊放鬆手臂力氣，慢慢地從下往上抬起。抬起

運動冥想的做法

穿著舒適、好活動的服裝
① 雙腳張開與肩同寬
② 放鬆手臂力氣，由下往上緩緩抬起
③ 抬起手臂後靜止不動，注意肌肉與關節
　 的活動
④ 慢慢地放下手臂

出自：《PRESIDENT Family》（2017 冬季刊）

手臂後暫時靜止不動，把注意力轉向肌肉狀態及肩膀前後的位置。然後，再慢慢放下手臂。重複以上動作幾次。

相同時間、相同地點

久賀谷醫生說：「每天在同一時間、同一地點，長久持續下去，效果就會顯現。」

要讓大腦改變，持續性地推動很重要。我們應該選擇身旁沒有電玩和電視等誘惑的安靜場所，以 **1 天 3 分鐘 × 3 次為目標，在就寢前或洗澡後的固定時間實踐冥想。**

親子一起做

親子一起進行冥想，孩子比較容易養成冥想的習慣。此外，櫻美林大學的身體心理學家山口創教授也提到，對孩子造成壓力的最大來源是父母的壓力，**父母如果實踐正念認知治療法，也能減輕孩子的負擔。**

刺激觸覺

山口教授表示，對孩子來說，**使用觸覺也是一種正念認知治療法**。譬如玩黏土、玩泥土、手指畫，孩子可以從刺激觸覺的遊戲中，得到類似冥想的效果。

讓孩子「發發呆」

METHOD
59

⇨ **孩子其實意外地累**

大腦體積約占體重的 2%，卻使用了身體消耗總能量的 20%。不僅如此，大腦所消耗的能量中，60 ～ 80% 都使用在名為**預設模式網絡（Default Mode Network，DMN）的大腦迴路上。

當大腦沒有在進行有意識的活動時，換句話說也就是正在發呆的時候，DMN 這個領域會開始運作。這就跟汽車的空轉狀態一樣，為了應對接下來可能會發生的事件，**DMN 在彙整各式各樣的腦部活動上扮演著重要角色**。

而且最近隨著研究進展，有人推測 DMN 會在無意識之中，將我們大腦中分散的「記憶碎片」連結在一起，催生出意想不到的「靈光一閃」，此點也備受大家矚目。

大人看到孩子在發呆時，很容易浮出「發呆真是浪費時間」的想法，但其實孩子每天在學校的時間已接受了足夠的刺激，**身體及大腦都比大人想像得更疲憊**。

耶魯大學情緒素養中心所發明的情緒教育工具「情緒儀表」，以不同顏色劃分的坐標軸來表示「你現在是什麼心情」。

父母總是希望孩子能處於精力與快樂度都高的「黃色區域」，然而，對孩子來說，他們也需要待在精力低、快樂度大、**平穩且舒適無憂的「綠色區域」裡發發呆**。

在培育孩子的創造力上，發呆時間相當寶貴。

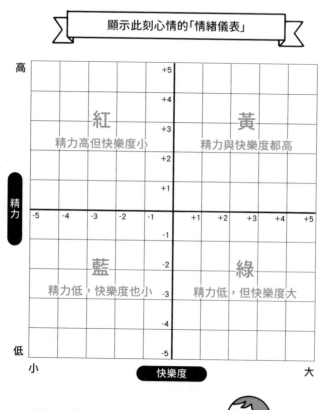

顯示此刻心情的「情緒儀表」

	精力高但快樂度小	精力與快樂度都高
紅		黃
藍		綠
精力低，快樂度也小		精力低，但快樂度大

高　　　　　　　　　　　　低
精力
小　　快樂度　　大

小孩需要「綠色區域」的舒適無憂時光

✔ 要怎麼做才能讓孩子「發發呆」呢？

確保孩子有發呆的時間

一整天之中，要確保孩子能有放空腦袋、進行幻想的時間。養育出全美最優秀女高中生的博克重子女士，也是 1 位生活教練，指出她女兒在就讀美國屈指可數的名門國小時，有份獨特的功課，那就是**「每天進行 20 分鐘的幻想」**。

博克女士打造了一個名為「藝術房間」的空間，裡面放了蠟筆和繪畫材料，在女兒升上國小 6 年級為止，每天都讓女兒在裡面度過自由的 20 分鐘。

她回顧過去，說道：「每天都幻想 20 分鐘，到後來就會覺得膩了。不過，這種『膩了』的行為其實也非常重要。因為，**人一旦覺得膩，就會充滿創意。**」（《最高的教養：從全美最優秀女高中生培育，談世界級人才的五大特質》）

打造不易疲勞的大腦

DMN 過度活躍的話，就會累積疲勞感，人的集中力或表現能力會因此下降。

相反的，如果打造出能抑制 DMN 活動的大腦構造，便比較不會感到疲勞。想要抑制 DMN 的活動，打造不易疲勞的大腦，**關閉手機、電腦、電視等「螢幕」**，然後進行正念認知治療法，都很有效。

用「書」包圍孩子

⇨ 閱讀是使地頭力＊變好的萬能習慣

　　閱讀習慣是全世界一流領導者的共同特徵之一。書籍能提供工作的有用資訊，以及產生新靈感的「智慧」。

　　對孩子來說，**書籍是擴展視野的重要工具**。透過閱讀，我們可以與許多充滿魅力的人物相遇，找到新興趣，整個人充滿興奮、期待。因此，閱讀是想像力和創造力的基礎，但除此之外，它也能培養我們各式各樣的能力。

　　其中之一是**「讀解能力」**。一個人是否有閱讀書籍，小時候並沒有明顯的差異，但隨著年齡增長，此差異會逐漸擴大。多倫多大學的心理學家基斯・史坦諾維奇名譽教授說，**閱讀也存在著「馬太效應」**。馬太效應出自於《聖經》中的一節，意指「富者愈富，被剝削者會遭受愈來愈嚴重的剝削」的現象。隨著成長，有的孩子**閱讀量愈來愈大，理解能力也變得愈來愈高**，另一方面，有的孩子因為沒有閱讀習慣，所以理解能力逐漸跟不上別人，於是兩者間的差異便逐漸拉大。

＊編按：無法從學校教育所獲得的知識、能力，一般是指人的邏輯思考力或溝通能力等等。

除此之外，「**詞彙能力**」也會隨之進步。日本倍樂生股份有限公司的詞彙調查結果顯示，高中生和大學生族群喜不喜歡閱讀與閱讀量的多寡，與個人詞彙能力有非常高的關聯。

閱讀量增加的話，詞彙就會提升，理解力也會提高，讓人更喜歡讀書，然後閱讀量就變得更高，良性循環便就此產生。

不僅如此，它還能培養「**為別人著想的心**」。根據國立青少年教育振興機構於 2013 年所進行的「關於孩子閱讀活動的實況及其影響、效果的調查研究」顯示，孩提時代的閱讀活動愈多，下述想法也會提高，像是「我希望盡可能從事對社會和人類有益的工作」「乘坐電車和巴士時，我想把座位讓給老年人或行動不便的人」。

✔ 要怎麼做才能「喜歡書」呢？

在客廳擺書架

儘管全世界只有 1,400 萬個猶太人，但卻出現了如愛因斯坦那樣的天才、創辦星巴克、Google、Facebook 的優秀人才，甚至在所有諾貝爾獎的得主之中，約有 22% 是猶太人。據說，在不斷遭受迫害的歷程中，**培育一顆無論去哪裡都絕不會被偷走的「頭腦」是他們一直很重視的事**。

國際教養大學的安德魯・蘇特（Andrew J. Sutter）特聘教授說，在大多數猶太人的家庭裡，像客廳的家人聚集場所都

擺放著書架。書架上方擺著大人看的書；下面則放百科全書、圖鑑和字典這類讓孩子可以自行查資料的書籍，倘若孩子有不懂的地方，就可以一併查清楚。

此外，除了客廳，**其他如寢室、走廊會自然而然出現在孩子視野的地方，也都事先放上書的話**，孩子便能隨時想到就拿書來看。

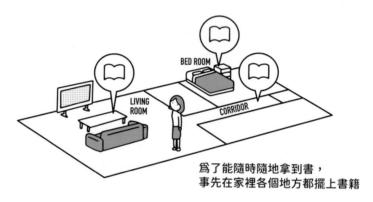

為了能隨時隨地拿到書，
事先在家裡各個地方都擺上書籍

朗讀

《朗讀手冊：大聲為孩子讀書吧！》的作者崔利斯表示，**孩子到國中 2 年級左右為止，閱讀能力都不及聽力**。由大人朗讀給孩子聽，讓孩子體驗「我懂了！」「真有趣！」的方式，可讓他們產生想閱讀更多書籍的心情（參考第 41 頁，METHOD 08：「唸書」給孩子聽）。

父母要帶頭看書

　　日本厚生勞動省以小學 2 年級學生及其父母為對象所做的調查顯示，**孩子 1 個月閱讀的書籍數量，與父母閱讀的書籍數量幾乎呈正比**。不僅如此，根據日本倍樂生股份有限公司的調查，如果詢問 1 個月閱讀 3 本以上紙本書或電子書的人，他們喜歡上閱讀的契機是什麼，最多人選擇的回答是**「小時候有人唸書給我聽」「身邊的人喜歡書」**。在父母都會看書的家庭裡，孩子喜歡上閱讀的比例比較高。

讓孩子「塗鴉」

METHOD 61

⇨ 用大腦的分心模式，提高創造力

孩子是塗鴉的天才。小時候在牆壁和地板塗鴉，讀小學的時候，連教科書和筆記本上也難逃魔掌⋯⋯

大人或許會有塗鴉 = 惡作劇的印象，但事實上，現在研究顯示，**塗鴉是讓大腦放鬆、發揮創造力的方法**之一。

哈佛大學的精神醫學學者斯里尼・皮雷臨床副教授說，塗鴉能讓大腦放鬆，也就是變成分心狀態，然後「能抑制大腦杏仁核的活性，使額極活化，提高創造力」（《胡思亂想的爆發力：修補、淺嘗、塗鴉。跳脫框架的練習，讓你的專注力更敏銳，工作更有效率》）。

由此可知，塗鴉是**破壞意識障壁，喚醒無意識自我的重要時間**。

✔ 要怎麼做才能無拘無束地「塗鴉」呢？

把一整面牆改成塗鴉空間

有種壁貼的好用牆紙，可將整面牆壁化為黑板或白板，且

價格適中。

這個物品可以當成室內裝飾，黑板的深綠色不傷眼，也可讓房間散發沉穩的氣氛，但相反地，也會令人擔心粉筆的粉末會不會弄髒房間，不過，最近也出現了不會造成粉末飛揚的粉筆。

白板顯色清晰，但專用的白板筆比粉筆昂貴，沾到衣服很難清洗。

雖然各有優缺點，**但無論選擇何種，對孩子來說無疑都營造了 1 個快樂空間。**

使用可以貼在牆壁的巨大壁貼，
把家裡的牆壁變成塗鴉空間

使用能洗掉的麥克筆和蠟筆

當遇到很難把牆壁化為塗鴉空間的情況時，**可以使用名叫「Kitpas」的厲害畫筆，它可以在玻璃上書寫，然後用濕布擦**

拭，孩子可以拿它盡情地在玻璃窗上塗鴉。另外，也有一些筆可以在濕掉的牆壁上寫字，孩子就能在洗澡時塗鴉了。

使用《創意畫冊》系列

《創意畫冊》是繪本作家五味太郎以「塗鴉才是繪畫起點」而創作的繪本系列，廣受全世界好評。

不論你想畫出空空的鍋子或凹凸不平的道路這種充滿聲音感的圖畫，或是描繪可憐的小狗，繪本裡滿滿都是為了塗鴉而設計的獨特主題，**是讓大人也能與孩子一起發揮創造力的內容。**

喜歡塗鴉的孩子會成功

皮雷副教授說，到 2007 年為止的 44 位美國總統中，有 26 位喜歡塗鴉。

研究顯示，即使遇到像總統必須同時處理好幾項重要工作的場合，只要**搭配類似塗鴉的分心時間，便能使時間的使用分配一直充滿效率。**

像 Google 之所以提供員工遊戲、運動、健身房設施，便是以此為根據。

先透過塗鴉**使大腦放鬆，然後再切換進入專注模式。**像這樣從小培養**大腦內部的切換習慣**，便能提升人的創造力及思考能力。

SECTION 5

如何培養學力？

利用有效的回饋，引出孩子的「幹勁」

STUDY

METHOD 62　知道小孩的「類型」

➡ 配合類型，選擇學習方法

　　父母總是比較關注小孩做不到的事，並經常會說：「為什麼我家孩子老是……」，同時，**他們也常常沒注意到小孩身上的「優點」**。為了使小孩的天賦能充分發揮，「多元智能理論」是了解自己孩子所屬類型的線索。

　　這是在 1983 年，由哈佛大學的心理學家霍華德・加德納博士所提倡的理論，人類所擁有的智能有 8 個種類，而學校用**所謂的「用功讀書」來評價的智能，只是其中 2 種而已**。

　　加德納博士表示，從這 8 個種類中，根據小孩的特性找到其擅長的領域，並**讓小孩用自己擅長的方法學習的話，便能大大提升他們擁有的能力**。這個理論重視小孩不同的個性，也引入了美國、荷蘭、澳洲的公民教育裡，並獲得了成果。

✔ 要如何知道小孩所屬的「類型」呢？

知道 8 種智能

　　思考小孩符合以下哪種類型。

① **語言智能**：擅長寫作，對語言感興趣，喜歡閱讀，比起數學和理科，更長於國語和社會。

② **邏輯數學智能**：科學方面的理解力高，對數量感興趣，對分析很拿手。比起國語和社會，更善於數學和理科。

③ **空間智能**：精通拼圖及圖形問題。比起用語言說明，用圖畫和圖形解釋，小孩更容易理解。

④ **音樂智能**：擅長唱歌和樂器演奏，能辨認聲音，馬上記住旋律。

⑤ **身體動覺智能**：精通運動。讓小孩實際動手做的話，他們更容易理解，亦能做得更好。

⑥ **人際智能**：比起一個人獨自工作，和其他人一起合作，會進行得更順利。常常拜託別人或被人拜託。

⑦ **內省智能**：一個人獨自仔細思考、工作，進展會比較順利，遇到麻煩的時候也能靠自己解決。

⑧ **自然探索者智能**：對特定的事物很了解，沉迷於圖鑑中。面對外表看起來一樣、但實際上不同的事物，總是能發現其中的細微差異。

選擇適合孩子長處的方法

符合 ① 和 ② 的小孩，大多是擅長讀書的類型，適合在學校用功讀書。至於其餘的 6 種類型的小孩，採用以下方法，可以讓他們學習得比較順利。

③ **空間智能**：可以選擇有很多圖形或照片的書籍，重視視覺效果。

④ **音樂智能**：採取發出聲音的方式，可以朗讀書籍和教材或用唱的方式表達內容。

⑤ **身體動覺智能**：可以做實驗、使用道具，坐著的時候也能使用抗力球，讓小孩一邊活動身體，一邊集中注意力。

⑥ **人際智能**：和家人、朋友一起活動，而非獨自一人。

⑦ **內省智能**：確保小孩擁有可以獨處的場所或時間。

⑧ **自然探索者智能**：可以備齊圖鑑，讓小孩擁有接觸實物的經驗。

空間智能

音樂智能

身體動覺智能

人際智能

內省智能

自然探索者智能

小朋友的類型不同，也各有比較輕鬆的學習方式

METHOD 63 建立「數學能力」

⇨ 快樂地親近數字

　　想要讓數學成為擅長的科目，只能靠腳踏實地不斷反覆解題——但**最新的研究結果卻推翻了這種想法**。Wonder Lab（舊名 Hanamaru Lab）研發出利用小孩的感性來提升思考力的 APP 及 STEAM 教材，在他們進行的測試實驗裡證實，如果讓小孩每天玩 15 分鐘的培育思考感覺 APP「Think!Think!」，3 個月後學力的確有所提升*。

　　值得注意的是，對小孩來說**這 15 分鐘根本只是在玩遊戲，但他們透過教科書學到的計算能力或應用題卻比以前更熟練了**。

　　Wonder Lab 董事長川島慶說：「想要提升數學能力，讓小孩感受到熱情（＝興奮）相當重要。」**如果入口是「遊戲」的話，小孩就會充滿興奮期待**。興奮期待不僅能提高思考力和想像力，還有提升像計算技能的吸收力和理解力的效果。

＊在日本國際協力機構和柬埔寨政府的合作下，他們以柬埔寨小學 3～4 年級的 1,500 個學童為對象，進行了測試實驗。上數學課時，把學童分成兩組，分別是有無使用培育思考感覺的 APP「Think!Think!」，然後比較、調查學童剛開始時與 3 個月後的學力。調查方法是將柬埔寨國內的學力測驗、國際學力測驗（TIMSS）、IQ 測驗這 3 項學力測驗的結果，交由慶應義塾大學的中室牧子研究室進行分析，結果確認偏差值出現 6.0～9.0 分的效果。另外，不僅思考能力，在柬埔寨國內的學力測驗中經常出現的計算題和應用題之類的正統考題上，也能看出學力有所提高。

現在是電腦能夠準確計算一切的時代，為了直觀地掌握事物大小和數量多寡的感覺，數學能力十分重要。舉例來說，面對「**散步 1,000 公里**」「**在鍋子裡放入 15 公升醬油**」的數字，人們是否會沒來由地感到不對勁呢？

想要不對數字計算產生排斥反應，能自由自在操控數字，川島說「必須先體驗並建立對數字的正確尺度感」。

✓ 要怎麼做才能建立「數學能力」呢？

1 天 15 分鐘，建造興奮期待感的基礎

提升數學能力的原動力是「興奮期待感」。川島指出，縱使從小就讓孩子忍耐，一昧靠反覆練習的方式學數學，**若缺乏興奮期待感的基礎，孩子的幹勁與學力也會在高年級到達天花板，無法再進步**。和學校的家庭作業一起，每天做 15 分鐘左右可以快樂地培養思考能力的問題，然後不間斷地持續下去，便能打下快樂學數學需要的興奮期待感基礎。

從各種視角看待事物

數學的思考力可以在小孩低年級時透過遊戲來建立。與其買評量回家讓小孩寫一堆題目，不如利用學校的教科書和計算練習題，讓小孩去尋找能得到相同答案的算式，或者更換順序在計算上下功夫。不要僅僅只是讓小孩進行機械式的運算，而

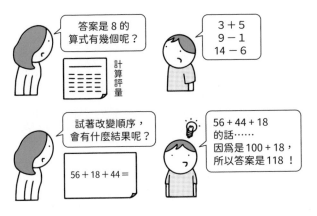

對孩子提出激發想像力的問題

是**透過這些方式激發他們的想像力**，如此一來靈活的構思力便會應運而生。

用身邊的數字進行「加減法」

像是在腦海中數步數、發現街上看到的汽車車牌，活用身邊的數字練習加減法，當小孩對數字產生興趣之後，數學就會變得有趣起來。

學習適合兒童的數獨或珠算，也能培育小孩在腦中自由操控數字的心算能力。

對於比較難接納數字抽象概念的小小孩而言，珠算可以把數字化為具體能見的珠子，這一點能成為他們學習數學的良好立足點。

METHOD 64 親子一同擬定「計畫」

⇨ 透過制定計畫來提高執行功能

日本倍樂生教育綜合研究機構所進行的「國中小學生學習實態調查」（2014）結果顯示，**在成績排行前幾名的學生裡，先制定計畫再用功讀書的人數比沒有計畫的人多。**

另一方面，該調查也顯示，不會預先制定計畫的小孩，在小學 4 年級裡大約占了一半，即使升上國中，依然還是有 4 成的人數。所謂的「即使放任不管，小孩總有一天還是能獨立自主吧」，看來是行不通的。

靠訓練來提升「執行功能」

大腦中統御行動或思考與情緒的部分被稱為「執行功能」，而擬訂計畫的能力也屬於其一部分的功能。據說執行功能並不是天生的能力，倘若**從幼年時期到青春期進行訓練，這個能力就會不斷成長。**

在美國，哈佛大學兒童發展中心甚至公開表示「**培育小孩的執行功能，是全社會的最重要責任**」，足見執行功能在教育裡相當受到重視。而且，想要培育執行功能，大人幫小孩奠定

「基礎」是很重要的。

制定計畫的能力也一樣，只要**大人在剛開始時稍微幫點忙，便能提升小孩的這項能力。**

✔ 要怎麼做才能親子一同制定「計畫」呢？

從今天 1 天的計畫開始著手

從早上起床到去學校上課，然後從學校回來到上床睡覺為止這些期間內做了什麼事，**讓小孩在前一天晚上或當天的早餐時間裡，把想到的部分寫在筆記本上。**

父母也制定自己的計畫

父母也可以把自己一天之內該做的事寫下來。據說，**讓小孩看到父母實踐計畫的模樣，可以提高他們的執行功能。**

首先，先從能簡單想到的地方著手

內容要用簡單易懂的詞彙具體解說

不要只寫「寫家庭作業」或「玩耍」，而是要具體地寫出**「寫數學計算題」「寫國字」「閱讀書籍」「和朋友一起去公園」**等等，這麼一來小孩也比較容易把計畫付諸行動。

選擇可以付諸行動的內容

尤其是小孩對時間的感覺尚未發展完全，所以在小孩訂計畫的時候，**每項行動大概要花多久的時間**，父母可以陪他們一邊思考一邊決定。

花時間回顧

花時間回顧小孩到底能否達成計畫，**對於順利達成的部分，大人要盡力表揚一番**，這麼做可以讓小孩獲得成就感。

而沒有達成的部分則要找出原因，在制定下一個計畫時拿來加以運用，小孩會更有幹勁。

親子一起回顧計畫，愉快地互相回饋資訊

METHOD 65

書寫 ①

⇨ 讓孩子「喜歡」上寫東寫西

目前進行中的研究顯示，對大腦還在發展的小孩來說，「書寫會對大腦的活動產生重要影響」。印第安納大學的腦科學家卡琳‧哈曼‧詹姆士（Karin Harman James）教授說，就算寫得雜亂無章也無所謂，**書寫本身能活化大腦神經網路**，對小孩的學習很有幫助。

此外，近年來隨著社群網路服務的普及，可「隨時、隨地、迅速」使用的簡訊被拿來當成交流工具，而日常的交流文章則漸漸變得愈來愈短，不少小孩對寫文章感到苦惱棘手。

正因為如此，從小就讓小孩知道**寫字、寫文章的快樂及喜悅**至關重要。

✔ 要如何讓孩子「喜歡」上寫東西呢？

仔細書寫

想讓自己寫的文字或文章充滿魅力，就要養成認真、仔細寫字的習慣。專攻幼兒教育的佛羅里達國際大學蘿拉‧戴哈特

（Laura Dinehart）副教授表示，**把字寫好和學力提高有關連性**。理由之一是因為字寫得好看，老師對答案也比較輕鬆。可是，有些小孩無法把字寫得漂亮，是因為將意識全部集中到寫字這個動作，而沒有注意自己所寫的內容。

不管孩子寫出什麼，先給予讚美

小孩寫完文章時，大人若是說出「我看不懂這篇文章在講什麼」「再寫一點別的什麼吧？」的負面評語，小孩會覺得書寫是一件痛苦的事。但如果回應**「你寫得真好」「好厲害」「原來你知道這個詞彙啊」**，認可文章的優點，小孩就會湧現「想試著寫更多東西出來」的欲望。

孩子寫不出東西時，父母主動詢問

學校出了作文作業，小孩卻不知道該寫什麼才好——這種時候，大人可以向小孩提出與作文題目有關的問題，藉以擴展小孩的構思。

- **覺得最開心／高興／有趣／感動／懊悔的事情是什麼？**
- **做○○的時候，心情覺得怎樣？**
- **你覺得為什麼順利完成了呢？**
- **為什麼做○○的時候，有辦法努力堅持下去呢？**
- **接下來想做什麼呢？**

書寫 ②

⇨ 寫「日記」

　　想要練習寫文章，寫「日記」比較容易讓小孩養成每日書寫的習慣。透過寫日記，可為「書寫」帶來兩種效果。

增加「詞彙」

　　要在文章中表達情緒的時候，小孩總是用「我很高興」「我很開心」「我很傷心」等非常簡潔的詞彙。但舉個例子來說，當小孩表示「我很傷心」的時候，事實上**那中間包含了各式各樣的情緒**。

　　東京大學大學院教育學研究科的遠藤利彥教授表示，遇到小孩這樣抒發心情時，身旁的大人可以表達「我覺得，你的傷心心情是一種『擔心』喔」，幫忙用更加細膩的詞彙把小孩的心情表達出來。遠藤教授說，這是「**想像自己在幫小孩的感受貼上『標籤』**」。至於小孩這邊，則能一邊聽取父母的建議，一邊學會如何用形形色色的表達方式來形容自己的感受。

整理「心情」

我們可以藉由寫日記來回顧自己的點滴，像快樂、開心、痛苦的事，並進而學會整理心情的能力。賓州大學的心理學家馬汀・塞利格曼教授說，只要**持續 1 週進行「每晚睡覺前寫出當天的 3 件好事」**，之後的半年內幸福度就會上升。

✓ 要如何寫「日記」呢？

決定寫的時間

如上面所述，塞利格曼教授的建議是「在每晚睡前寫」。**親子共同回顧一天的時光**，也能加深大人與小孩之間的溝通交流。

養成「寫 3 行日記」的習慣

回想起 3 件積極正向的事情，例如「覺得開心的事」「感到高興的事」、「感覺有趣的事」，然後寫下來。**只寫 3 行的話，不會耗費多少時間**。當覺得自己可以多寫一點的時候，就把每件事的來龍去脈也寫出來。透過書寫，大腦可以體驗那些美好的回憶，幸福度也會隨之提高。

幫孩子選擇詞彙

針對孩子形容感受或狀態的詞彙，**父母可以陪他們一起思**

考是否還有其他更加貼切的形容方式。話雖如此，但父母也不見得能馬上找到好的形容詞，因此，如能好好活用增加詞彙的輔助資訊，例如《表達感受的詞彙》（気持ちを表すことば）的書籍或網路上的同義詞辭典，將會方便許多。

陪小朋友一起找到最合適、恰當的詞彙

METHOD 67

書寫 ③

⇨ 明白「文章的格式」

　　無論是考試或找工作，甚至在出社會後提企畫案或演講時，寫作能力都是很有用的強大武器。

　　然而，名古屋大學的渡邊雅子教授在比較日本和美國小學裡進行的作文指導方式之後，表示日本的國語教科書裡並無提及作文寫法的章節；在採訪老師時，也得到了**「從來不曾正式教過學生關於特定文章的寫法」**的回答（《可理解的文章構造》（納得の構造））。

　　當小孩面對作文稿紙時，父母往往會說「想寫什麼就寫什麼」，然而，**小孩打從一開始就不知道「該怎麼寫文章」**。

　　另一方面，在美國，據說協助渡邊教授進行調查的所有老師，全部異口同聲地回答，**教導學生國語的最大目的是「提高寫作技巧與能力」**。岩下修是立命館小學國語教育的顧問，並同時擔任名進研小學的國語科顧問，他講到：「如何把吸收進來的語言輸出出去，**這項能力會在 8 歲前後穩定下來**」，並表示「如果能在 8 歲前讓小孩好好接受作文指導，建立文章組織能力及表達能力，往後便能順暢地寫出作文」（《不會寫作的

小孩通通學得會的作文指導之格式與技巧》（書けない子をゼロにする作文指導の型と技）。

✔ 要怎麼做才能學會寫「作文」呢？

套用格式

　　渡邊教授表示，特別是像說明文之類的文章，在美國很早就會開始指導小孩明確的三部分構造寫法。

- **「開頭」段落**：明確表示「首先，我要用這篇作文述說什麼？」
- **「中間」段落**：舉出 3 項理由支持「開頭」提出的主張。
- **「結尾」的段落**：用稍微不同的表達方式複述自己在「開頭」提出的主張，並做出結論。

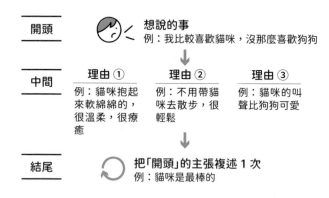

開頭	想說的事 例：我比較喜歡貓咪，沒那麼喜歡狗狗

中間	理由 ① 例：貓咪抱起來軟綿綿的，很溫柔，很療癒	理由 ② 例：不用帶貓咪去散步，很輕鬆	理由 ③ 例：貓咪的叫聲比狗狗可愛

結尾	把「開頭」的主張複述 1 次 例：貓咪是最棒的

對指導小學生寫作文有豐富經驗的岩下說，在書寫說明文、報告、記錄和評論的時候，把「開頭」→「中間」（寫兩段）→「結尾」當成基本格式拿來指導小孩的話，小孩們會比較容易理解。

岩下指導說，「開頭」的地方要寫出「這篇文章要寫什麼」；「結尾」的部分則要寫因「中間1」和「中間2」所發現、了解的事。

譬如，作文題目若是「學校裡喜歡的地方」，便能以下述的格式來思考內容。

- **「開頭」**：介紹我喜歡的地方。
- **「中間1」**：最喜歡的地方是……
- **「中間2」**：第2個喜歡的地方是……
- **「結尾」**：兩個地點都很寬闊／兩個地點都能讓自己平靜下來（用「中間1」和「中間2」的共同點來總結）。

決定「觀點」

岩下指出：「關於指導低年級學生寫作文，一般是讓小孩把自己做過的事和看過的事以『時序』方式寫出來，但**如果是先決定『觀點』再寫的話，就連1年級生也能寫得很流暢。**」

舉例來說，倘若以「校內探險」為作文主題，讓小孩從「覺得很有趣」的觀點中，選出兩件事來寫的話，小孩會比較

容易寫出文章。

- 「**開頭**」：我在學校裡探險。
- 「**中間1**」：最有趣的地方是○○。
- 「**中間2**」：第2個有趣的地方是╳╳。
- 「**結尾**」：校內探險真是好玩。

　　根據渡邊教授的調查，日本小孩的作文中，有93％是用「我做了～、又做了～」的句型，把事情按照發生順序寫出來。相較於這種格式占壓倒性多數的日本，美國的小孩們則有1/3以上使用三明治格式，就是**在開頭先寫一段歸納全文的內容，之後再觸及具體實例，最後再次總結全文**。

　　如果像這樣事先明白作文的「格式」，便可以為小孩的邏輯性思考力打下基礎，亦能在將來全球化局勢之中發揮莫大助力。而這樣的「格式」不只能用在英文寫作，當然也可以應用在對話及企畫上。

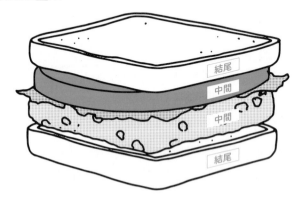

寫作文時，用「三明治」來想像，會比較好寫

METHOD 68　把認真學習變成「習慣」

⇨ 不勉強小孩、愉快持續下去的方法

　　根據美國杜克大學的研究團隊於 2006 年所發表的論文顯示，**45% 的日常行動不是來自「當下的決定」，而是「習慣」**。美國的教育改革家霍勒斯・曼恩（Horace Mann）則留下了這樣一句話：「習慣宛如一條粗繩。如果我們每天都捻一根繩線上去，到最後它就會再也割不斷。」

　　此外，既是京都造形藝術大學副校長，也是教練法及主動學習法權威的本間正人表示，今後的社會將不再看「最高學歷」，而是人人都要不斷更新「最新學習歷程」。

　　由於壽命延長，終身學習的時代也隨之來臨。如果**把認真學習融入每日習慣裡**，就和刷牙、吃飯及洗澡一樣，將成為人的莫大優勢。

✔ 要怎麼做才能將學習變成「習慣」呢？

定好時間，採用「small step」

　　譬如小孩在做功課的時候，只要一想到「做功課」，心情

會很沉重。但如果把功課細分成「朗讀」「寫字」「計算」的話，便會讓人感覺負擔變輕了。

除此之外，如果在每個步驟中訂下**「從幾點到幾點」的方式來詳細劃分時段**，便能事先做好「到了幾點就要做」的心理準備，小孩也比較容易著手執行。

不僅如此，倘若能**事先決定好行動的「地點」**，等時間一到，小孩便能移動到該處，俐落地轉換心情開始認真學習。

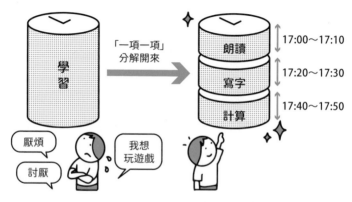

學習時，可以把「要做的事」與「時間」細分開來

也要保障孩子有玩耍時間

當小孩提早完成該做的學習時，大人對他們說「那就順便做做這個吧」並追加其他功課的話，是 NG 行為。大人應該**預先空出並保障小孩有一段歡樂時光，讓他們得以充分玩耍。**

從芬蘭進行的學力相關調查可得知，擁有休息時間的小

孩，其學力比長時間坐著的小孩還要來得高。

　　美國衛生及公共服務部的報告也顯示，**活動身體可使腦部血流增加，增加氧氣量，對大腦的運作也有助益**。張弛有度的學習才能提升孩子的專注力。

化為遊戲

　　行為分析學家奧田健次指出，倘若小孩沒有在吃飯前做完功課，即便對他們說「明天要記得好好遵守約定喔」，也**不會有效果，因為對小孩而言的「明天」，也就是 24 小時後，時間實在太久了**（出自《全球唯一的育兒教科書》〔世界に１つだけの子育ての教科書〕）。

　　奧田專家表示，面對遲遲不肯動手寫功課的小孩，大人可以先用玩遊戲的方式說：「媽媽現在要去 2 樓，在我回來之前，你有辦法開始寫功課嗎？媽媽 3 分鐘後就會回來了，啊，到時候你可別還沒開始寫喔。從媽媽離開這個房間後就開始計時囉！」這類的方式會比較有效果。

　　如果 3 分鐘後小孩仍然在玩，這表示他們無法估算 3 分鐘是多久的感覺，所以大人下一次要進一步**縮短到 1 分鐘、30秒**。奧田說，倘若父母回來後，可以大力稱讚已經開始寫功課的小孩，他們便能獲得很大的成就感。

父母也要養成習慣

　　與其為了孩子不做某件事而感到煩躁，父母不如關掉電視，收好餐桌，**自己坐到桌子前還比較省事也說不定**。看到父母很開心地看著書、寫些什麼的模樣，小孩也會自然而然主動坐到書桌前。

METHOD 69 學習「程式設計」

⇨ 不斷從錯誤中摸索，鍛鍊頭腦

2020 年開始，程式設計在日本國小成了必修課程。程式設計是使用程式語言，向電腦下達指令，讓電腦做出人類心中想像的行動。

雖然這個政策容易被大家誤解，不過，將此課程設定為必修的目的，並非是讓小孩學會程式設計的技能。**其主要目的，在於讓小孩使用程式語言，學習此種有邏輯性的思考方式**：「正確表達自己想說的話，是必須逐步仔細說明才行」。

程式設計最有趣之處，在於可以自己制定規則。

打造規則時，我們必須去留意平時沒有特別留意到的事，譬如在操控機器人時，如果沒有撰寫「停下來」動作的程式，機器人便永遠無法停下來。

在這個世上，**注意到這些「思考盲點」，從而浮現出新靈感、加深思考**的情況多得是。

程式設計可以讓人不斷從錯誤中摸索答案，同時獲得**體驗並學習這種細膩思考**的機會。

✔ 如何有效地學習「程式設計」呢？

知道程式設計實現了什麼

雖然我們平時幾乎沒有意識到程式設計的存在，但**它現在已和我們日常生活中的各方面密不可分**。

我們一直在玩的電玩當然都有，就連汽車、家電產品、機器人、交通號誌，還有音樂和藝術裡，許許多多的物品都運用了程式設計。

在學習程式設計之前，如果能**知道程式設計和身邊的哪些東西有關聯**，便會對這項技術感到親近，學起來更得心應手。

適應電腦

在日本，雖然教育現場的 IT 普及速度落後，但未來將從國小開始引進程式設計課程，**國中和高中使用電腦的機會也一定會增加**。總有一天，就連入學和證照考試也都會透過電腦應考的形式，將成為主流吧。

電腦是一種「熟能生巧」的設備。雖然有些父母可能會擔心：「孩子會不會看有害網站」「孩子會不會一直打電動」，但父母可以透過種種方式，像是利用篩選模式、讓孩子在父母附近使用電腦、訂立使用時間，**控制孩子使用電腦的環境**。

父母不要只是一味地遠離電腦，而是要改變看法，把它當成「是孩子的一種學習工具」比較好也說不定。

從 4 年級開始學習就夠了

低年級的學童沒有專注力，「玩耍」感覺便決定了一切，所以當小孩可以冷靜地進行邏輯性思考，也就是 4 年級的時候開始學習就好了。有研究結果顯示，小學 1、2 年級學童的**大腦構造根本上還無法適應程式設計「條件分歧」的概念**。

因此，還不如讓小孩在低年級時期，透過運動來**培養身體感覺，透過遊戲來積累「親身經驗」**，之後才能抱著更大的興趣去專心學習程式設計。

父母沒必要懂它

父母並不需要會程式設計，只要傾聽小孩的話就足夠了。

透過程式設計不斷從錯誤中摸索答案的過程，可以孕育小孩的自主性，甚至**父母還能主動請求小孩「教教我」，藉由從小孩那裡獲得指導**，來促使小孩的溝通能力與自信往上提升。

簡便的入門教材是？

小孩通常會優先選擇看起來簡單易懂及好玩的教材。如果要讓低年級學童也開始學習的話，「Scratch」和機器人比較容易上手，親子可以一起同樂。

●可以在網路上使用的

一小時玩程式（Hour of Code）：這是 Code.org 在全球各地

提倡的程式設計教育活動。該網站裡網羅了五花八門的教材，供人學習程式設計，適用年齡則強調是「4 歲到 104 歲」。
https://code.org/learn

Scratch：這是一個程式設計軟體，也能製作動畫、遊戲及音樂的網站。https://scratch.mit.edu

●可體驗移動物體的簡便工具

BBC micro:bit：這是一台手掌大小的微電腦板。用它編寫程式，可以製造出從機器人到樂器等各式各樣的東西。

施飛羅智能球（Sphero）：可用程式設計驅動的球型機器人。剛開始先用 Sphero Mini，會比較簡便且容易玩。

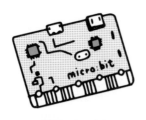

BBC micro:bit

Sphero Mini

讓孩子用用看可以體驗程式設計的工具

METHOD 70 反覆

⇨ 靈活增加變化和負荷

　　我們常常鼓勵小孩不僅在上課時學習，連運動和玩樂器也同樣「只要不斷反覆練習，孜孜不倦地努力，我們就能學會它」。

　　在麥爾坎・葛拉威爾的全球暢銷著作《異數：超凡與平凡的界線在哪裡？》中，有個聞名的**「1 萬個小時理論」**，意指我們無論身處領域，只要全心投入約 1 萬個小時，就能成為該領域的傑出人物。

　　然而，心理學的研究顯示，**並非胡亂地反覆練習就沒問題**。透過反覆練習而學會技能的學習方式裡，毫無疑問有幾個重點需要注意。

✔ 要怎麼做才能靈活運用「反覆練習」呢？

單調的重複其實沒有效果

　　明明已經反覆寫了好幾次評量卷並努力學習過了，卻不知為什麼考試還是考砸了……大家是否有這樣的經驗呢？

事實上，這正是單純重複學習的陷阱，也就是**指人陷入了在心理學上被稱為「流暢錯覺」的狀態。**

所謂的「流暢性」，是指適當且迅速處理、輸出資訊的能力。然而，這種「這些問題我已熟練到馬上就能想起解法，所以不必擔心」的固執想法，反而會讓大腦一時輕忽大意，陷入無法立刻回想起自己已經記下來的資訊。

穿插變化

我們可以從美國威廉斯學院心理學家內特．康乃爾（Nate Kornell）副教授等人的研究中得知，如果**在進行反覆練習時，混入稍微有些變化的課題，會提升學習能力，記憶也能長期牢記。**也就是說，可以在每天的學習中，混入過去學習過的單元。

小孩必須隨著不同的問題，來一一思考解題的方法，這種狀況乍看之下好像很沒效率，但是，多倫多大學的心理學家麥可．因茲李克特（Michael Inzlicht）指出：**「事實上，去注意是否有東西擾亂秩序、有什麼東西與當下格格不入的動作，能使大腦覺醒過來。」**

使用在問題中加上變化的學習方法，讓自己一邊注意各個「差異」，同時去理解，除了能清楚掌握住特徵以外，也能讓我們變得善於應對正式場合中的突發事故。

稍微提高難度

　　美國佛羅里達州立大學的心理學家安德斯·艾瑞克森教授主張：所有領域的頂尖人物都提倡「跳出自己的舒適圈，不斷對自己**施加略微超過極限的負荷**」的「極限練習」。

　　對全世界頂尖人物們進行了 30 年以上研究的艾瑞克森教授說：「我們之中無論是誰，只要反覆進行這種『極限練習』，**都能獲得**在旁人眼中看來完全屬於『與生俱來的天賦』的**卓越能力**。」

　　當然，想要學習新單元或新技術，透過反覆練習讓自己逐漸熟悉是不可或缺的步驟，但重點是要在其中**摻雜變化，並稍微增強負荷**。

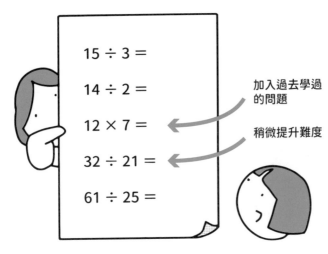

$15 \div 3 =$

$14 \div 2 =$

$12 \times 7 =$　←加入過去學過的問題

$32 \div 21 =$　←稍微提升難度

$61 \div 25 =$

打破單調，提高學習效果

METHOD 71

增加「詞彙」

⇨ **輕鬆理解各種資訊的基本功力**

　　日本國立情報學研究所的新井紀子教授等人的研究小組，針對日本全國約 2 萬 5,000 名國高中生的讀解能力進行調查，發現其中大多數的學生無法讀懂教科書程度的文章。

　　新井教授認為其中的原因之一，是基礎詞彙能力太低所導致。對小孩來說，**如果認識的詞彙數量很豐富，閱讀文章會覺得負擔較輕，理解內容的過程也會比較順暢**，同時，他們也能徹底理解學到的知識，並充滿自信心。不僅如此，詞彙能力也是與溝通能力、表達能力及創造力息息相關的一項重要能力。

✔ 要如何增加孩子的「詞彙」呢？

多多和大人交談

　　東北大學的川島隆太教授等人的研究裡逐步了解到，親子間如果多多進行五花八門的對話，小孩與語言機能有關的大腦領域就會發育得很好。

　　此外，從日本倍樂生股份有限公司在 2016 年所進行的詞

彙調查也可看出，高中生、大學生、社會人士**與身邊的人「交談」頻率愈高，詞彙能力有隨之升高**的趨勢。

尤其是和父母、爺爺、奶奶或親戚、學校老師有年齡差距的人們交談的頻率愈高，詞彙能力就會跟著變強。

跨世代的交談，可以增加小孩聊天所不會用到的新詞彙，進而提升他們的表達能力。

父母馬上做出回應

玉川大學的佐藤久美子名譽教授致力於研究小孩獲取語言的方式，她以 200 名左右快上小學的幼兒園大班學童為對象，調查他們的詞彙能力，結果發現**父母的回答時間快，小孩的詞彙能力就高，說話量也會比較多**。

父母負責當聽眾

根據佐藤女士的調查，父母說話的時間愈短，孩子說話的機會就愈多。換句話說，也就是父母要當「聽眾」。傾聽孩子的話之後，若父母回答得太冗長，孩子就很難講出下一句話。因此，**父母多一些簡短的回應，便能讓孩子多說一點話**。

故意用簡短回答來吸引小朋友開口

緩慢且清晰地開口說話

小小孩聽完父母說話後會跟著模仿，藉此記住詞彙發音。**為了讓孩子比較好聽懂你說什麼，大人要慢慢、清晰地說話**，讓孩子可以順利獲取詞彙。

接觸書籍、報紙、漫畫

想要增加詞彙量，「寫字」也頗具功效（參考第 256 頁，METHOD 66：書寫 ②）。荷蘭萊頓大學的蘇珊娜・摩爾（Suzanne E. Mol）副教授等人，針對學齡前兒童（3 歲～）到研究生的閱讀量和詞彙能力之間的關聯性展開調查，結果發現**人的閱讀量愈大，詞彙能力愈高**。

詞彙數量最多的媒體是書籍和報紙，其次是雜誌、漫畫。

如果在家人聚在一起的餐桌或客廳裡，事先擺放報紙、雜誌和書籍，便能增加進入視野的詞彙。

在客廳擺字典

從日本倍樂生股份有限公司的調查中可看出，無論高中生還是大學生，回答「遇到不懂的詞彙，會想去查清楚而非丟著不管」的人，都具有詞彙能力較高的傾向。

每次被問到「○○是什麼意思？」的時候，**大人可以回答「要不要來查查看」，然後親子一同查資料**，藉以培養小孩查字典的習慣。

如果手邊總是有字典，會比較容易養成查資料的習慣。

METHOD 72	削減「浪費」
	⇨ 使學習合理化，創造「餘裕」

在學校集體授課的時候，老師無法一個個去顧慮到所有學生的理解程度，因此，每個學生都不得不各自花時間去聽自己早已知道，或是完全不懂的課程。

換句話說，就是**在學校的上課時間裡，有幾成是在白白浪費時間**。

現在，有人想要實現活用 AI、避免這種浪費時間的狀況、且能配合每個人的理解程度與進度的學習方法。這種個別最佳化的學習，被稱為**「適應性學習」**。

每個小孩受挫的地方各有不同，縱使同樣是計算錯誤，也分為能不能正確記住計算順序或可否弄懂分數的除法，**不同的小孩，失誤的問題點也不同**。讓 AI 分析這些複雜的過程，選擇適合每個人理解程度的問題，便能透過加強弱點的學習方式，有效地加深理解程度。

✔ 要怎麼做才能削減「浪費」呢？

聚焦於「做不到的事」

　　一個人的時間是有限的。學習的時候，與其反覆學那些已經學會的地方，**不如把時間集中到自己還不會的地方，這樣會更有效果**。

　　如此一來，即使在培育小孩被稱為 21 世紀技能的創造力、思考力、溝通能力時，就能常常使用自由時間，專心沉浸於遊戲和個人喜好裡，或者呆呆地沉醉於思緒中。

玩耍時間並非「浪費」

　　擅長算術教育的 Wonder Lab 董事長川島慶說，算術能力的基礎是想像力、推理能力、空間知覺能力，以及支撐它的求知欲，而這些都可以**透過玩耍經驗來獲得**。

　　隨著小孩升上愈高的年級，父母往往會希望他們儘量多學一點東西，但從長遠的眼光來看，**特地預留時間讓小孩可以自由自在地玩耍**，反而對小孩的成長有加分功效。

活用「AI 教材」

　　AI 正為我們實現不用反覆學習已經學會的事，可專注補強自己還不會之處的學習方式。

　　對於大多數父母來說，利用平板電腦學習是他們不曾經歷

過的學習方法，然而，小孩卻**以超乎大人想像的速度學會操作它，並愉快地解開一個又一個問題**。

縱使是討厭學習的小孩，也能藉由 AI 教材有效地補強自己不擅長的地方，找到喚醒學習樂趣的契機（參考第 167 頁，METHOD 40：上「才藝班」③」）。

METHOD 73　學習「英語」
⇨ 把英語當成「遊戲道具」

在學習英語上，**小孩擁有比大人更優秀的能力**，也就是說，這種力量會隨著成長而逐漸消失。專攻兒童英語教育和第二語言學習的上智大學短期大學部狩野晶子教授說，小孩優於大人的能力主要有以下 4 種。

① 敏銳聽取聲音的能力

小孩有豐富的聲音感受性。他們在年齡還小時便具有厲害的聽覺，可以模擬動物和昆蟲的叫聲，也很擅長模仿動畫中的角色。

② 一口氣消化一大段連續聲音的能力

譬如日本落語繞口令的「壽限無壽限無……」，或是一股腦地唱出 151 隻寶可夢角色名字的歌曲〈精靈寶可夢點點名〉等等，小孩即使不太明白涵義，也能把它們當成一大段連續聲音記下來。

③ 忍受不停重複的能力

小孩總是想反覆做同樣 1 件事，像總想讀同 1 本繪本、不停看喜歡的動畫好幾次。

④ 忍受曖昧模糊的能力

即使無法理解一切，小孩也不在乎。縱使對事情的理解模糊不清，小孩也能根據對方的表情和周遭的狀況，以自己的方式去想像前後邏輯與涵義，並同時進行交流。

以上這 4 種能力中，兒童期尤其應該想辦法發展的是「聽」英語的能力。就讀國小期間，**大人要注重的應該是讓小孩開心地多聽一些有意義的英語，以熟悉英語發音**，而非嚴格要求他們的讀與寫。大人可以使用英語歌曲或繪本的有聲書，YouTube 和 Netflix 上也有適合小孩的英語節目。NHK 教育頻道也有符合小孩發展且能用副聲道聽英語的節目。

✔ 該怎麼學習「英語」呢？

每天讓孩子開心地接觸英語

雖然個體差異很大，不過，據說**聽 2,000 到 4,000 個小時的英語，就能讓人具備可以聽懂一定程度的英語能力**。然而，即使小孩在學校每星期 1 次 1 個小時接觸英語的時間，1 年總

共也才 35 個小時，換算下來，想聽足 3,500 個小時的話，大概要花上 100 年的時間。與其只依賴學校和英語教室，不如每天一點一滴地在家中創造機會給小孩聽英語，效果更好。

只不過在這裡要注意的是，重點在於讓小孩樂在其中，**不必在乎他們是否正確聽懂**。重要的是讓小孩可以一邊自由發揮想像力、類推、模仿，一邊體驗用英語這個語言玩遊戲。

每天一點一滴，
快樂地接觸英語內容。

不去指導正確答案

小孩如果處於「說錯話該怎麼辦」的壓力裡，便很難湧現想嘗試說英文的心情，妨礙他們進步。

大人不必堅持小孩能否正確說出在學校學到的對話，或能不能好好理解內容，**甚至在小孩說錯時也不要糾正，這才是最重要的**。「我說出口了！」「我懂了！」的成功經驗，可以促使小孩產生「說不定我已經學會英語！？」的自信，從而降低對說英語的不安感。南加州大學的語言學家史蒂芬 · 克瑞申

（Stephen Krashen）名譽教授說：「**不安感愈低，語言學習愈順利。**」

嬰兒在學習母語的過程中，也經常會出現錯誤的語言表達方式，但隨著年齡成長，會自然而然逐漸變得正確。小孩學習英語的時候，就跟那段過程一樣。父母不要著急，也不要過度期待，帶著長遠的眼光從容守護小孩至關重要。

用英語鑽研喜好

狩野教授建議，**大人可以和小孩一起研究，小孩感興趣的領域要如何用英語表達**，譬如小孩喜歡棒球的話，就研究各球員的位置、規則及美國職棒大聯盟的選手名字等等，若喜歡公主或哈利波特的話，就研究城堡資料。除此之外，還有許多小孩喜歡的事物，像是魚類、昆蟲、恐龍、花。

舉例來說，在 Google 上搜尋「恐龍 名稱 英語」，會找到各式各樣恐龍的英語名稱或單字卡。乍看之下，昆蟲的名稱或城堡的備品單字實在看不出能派上什麼用場，不過對喜歡它們的小孩來說，那是最有趣的知識。

懷著好奇心所調查的知識，會在記憶中停留很久，而那些知識也會成為小孩對英語產生興趣的第 1 步。

父母享受溝通樂趣

狩野教授說，父母所能做的事情中，最直接了當且具有效

果的是擔任享受溝通交流的「範本」。**即使自己不擅長溝通、講得結結巴巴，也要表現享受溝通交流的態度給小孩看。**

比如說，路上看到有外國人遇到困難的話，縱使對話中夾雜著母語和外文也無妨，大人要試著主動開口說「我來幫你吧」。據說，即使對方使用的語言不同，但只要表現出想和對方交流的欲望，就能帶來很大的教育效果。小孩知道**「講錯也沒關係，有表達出來就夠了」**，便可以進入下一步的「我用英語說說看吧」。

METHOD 74 跟小孩學習

⇨ 指導別人後，自己會記住「知識」

正如法國思想家約瑟夫・朱貝爾（Joseph Joubert）的名言「教學如同兩次學習」，**透過教導別人，我們可以發現自己不夠理解的地方或因此再次加深理解。**

教導別人的時候，會伴隨著「說」「寫」的動作，而這兩種動作比起「讀」「聽」的動作，更容易在大腦中留下穩固的記憶。

華盛頓大學的心理腦科學家約翰・奈斯托伊科（John F Nestojko）博士說，**只要有教導別人的「心理準備」，學習效率就會提高。**

他在實驗裡，將受試者分成兩組，他告訴第 1 組「等一下會測驗你們記住的資訊」，告知第 2 組「等一下要請你們把記住的資訊教給其他人」，並使這些人都學習了相同的東西。

事實上，兩組等於接受了相同的測驗，結果是第二組的成績比較好。

我們如果意識到**「必須把自己學到的東西教給其他人」**的話，吸收新資訊的能力就會提升。也就是說，如果小孩也養成

教導別人的習慣，學習效率就會增加，也能期待他們可以牢牢記住知識。

✔ 怎麼做才能順利地讓孩子指導我們呢？

向孩子提問

大人可以一起看小孩正在研究的問題，同時問問看：「這個題目要怎麼解呢？」即使聽到答案，**也要假裝有點不太懂，然後試著更仔細地詢問小孩**，這樣的做法也會有效果。

大人要一邊注意小孩能否解釋得出為何要這樣解題，同時不斷提問。

大人可以假裝不懂，求助於小朋友

有錯誤也不指出

有時候小孩的解說或許會有錯誤，但如果因此打斷他們的說明，轉變成由父母擔任指導者，一切就沒意義了。

父母先完全按照小孩的指示去做，**當遇到挫折時，再詢問小孩：「這麼做是正確的嗎？」**

當小孩在這時候發現錯誤，就會想要自己想辦法解決。父母盡量不要去幫忙，讓他們自己思考。《最強大腦學習法：不專心，學更好》的作者班尼迪克・凱瑞講到：「**教導別人，會讓自己覺得混亂的部分、遺忘的地方瞬間清晰。**這是一種效果很棒的學習方式。」

不僅如此，加州大學洛杉磯分校的心理學家羅伯特和伊莉莎白・比約克（Robert Bjork & Elizabeth Bjork）教授夫婦表示，**挖出那些變得模糊不清或已經遺忘的大腦記憶的作業愈辛苦，學習能力也會愈高。**因為教導別人的時候，不可以教得含糊不清，所以從這個角度來說，能期待獲得很高的學習效果。

表達感謝

請小孩教導之後，大人應該用「我完全懂了。謝謝你用這麼簡單易懂的方式教我」來表達感謝。對小孩來說，這將成為 1 次**「幫上父母的忙」的成功經驗。**

大腦一旦得過這種快感，就會想要重現同樣的狀況，小孩便因此會有「還想再教導別人」的想法。

METHOD 75 空出時間「複習」

⇨ 適合背誦科目的最佳讀書方法

　　華盛頓大學的心理學家亨利・羅迪格三世教授說：「**如果習慣了一口氣塞滿腦袋的學習方式，下一個學期的成績可能會一落千丈。**」

　　雖然在遇到緊急關頭時，所謂的「臨陣磨槍」會起一定的效果，但用那種方式記住的知識卻無法長久停留在記憶裡。

　　縱使背誦的分量一樣，不過**若分散學習時間，知識停留在腦中的時間會長上更多倍。**

　　那麼，如果想讓學過的東西停留在記憶的時間更久，再接觸的最佳時機是什麼時候呢？

　　2008 年，加拿大約克大學的心理學家美樂蒂・懷絲哈特與加州大學的心理學家哈洛德・帕許勒攜手合作，以 1,354 位廣大年齡層的人為對象，進行大規模的實驗。從其結果可看出，**因應考試前的準備期間，改變複習間隔的成效會比較好**（《最強大腦學習法》），如下所述。

✔ 哪種時機進行「複習」比較好呢？

逐漸拉大「每次複習的間隔」

假設考試就在 1 星期後，應考之前如果有「90 分鐘」可以使用，與其今天讀書 90 分鐘，不如**今天讀 30 分鐘，第 2 次讀書訂在第 2 天（或是後天）的 30 分鐘，然後考試前一天讀書 30 分鐘**，這樣反覆學習同樣的東西，能讓記憶牢牢地留在腦海中。

假如考試日期在 1 個月之後，研究結果可看出，最佳方法是今天讀書學習，一星期後進行複習，第 3 次讀書學習則在考試前一天進行。

除此之外，跟眼前的考試無關，如果想讓知識長期留在大腦中，可以參考波蘭學者彼歐茲・沃茲涅克（Piotr Wozniak）的研究。

沃茲涅克指出，如果**今天已經讀書、學習過，就在 1 ～ 2 天後進行複習，下次複習則是 1 星期後，再下一次則是 1 個月後**（下下一次則是更久之後），以這樣的形式逐漸拉開複習的間隔，就能幫助記憶用力刻印在大腦裡。

在腦部醫學領域也一樣，東京都醫學綜合研究所於 2018 年刊登在美國科學雜誌《細胞報告》（*Cell Reports*）上的研究結果顯示，大腦內部機能是「**有間隔地反覆學習，可讓記憶長時間停留在腦海裡**」。

讚美孩子

⇨ 給出讚美會帶來大幅轉變

人類一受到讚美，就會刺激大腦神經，釋放出多巴胺，讓人被一股強烈的幸福感所籠罩。

此外，1960 年代，哈佛大學的教育心理學家羅伯‧羅聖索爾教授透過實驗明確展示，當老師說**「只要你肯做，肯定會成功」，學生的成績真的會隨之提高**，並將其命名為「畢馬龍效應」。

「讚美方式」不同，效果也會改變

另一方面，慶應義塾大學的教育經濟學家中室牧子教授，以美國大學近年來進行的幾項研究結果為基礎表示：**「胡亂讚美小孩，可能會培育出沒有相應實力的自戀者。」**（《教育經濟學：用「科學數據」破除教育迷思，培養孩子的自制力、意志力與好成績！》）

不過，讚美並不是沒有效果，重點在於「讚美方式」。

✓ 該怎麼做才能有效地「讚美」孩子呢？

立刻讚美

以行為主義心理學視角來看學習，有一種稱為「即時回饋原理」的想法。**不管要讚美還是警告，「即時」都很重要**。自己做的事馬上獲得認可會感到開心，是因為意識此刻正集中在那裡。

比起孩子的能力，更要讚美他們的努力

哥倫比亞大學的心理學家繆勒教授和杜維克教授以小學 5 年級的 400 名學生為對象，進行了關於「讚美方式」的實驗。

實驗顯示，考試成績好的時候被說「你的頭腦真聰明」的小組，後來的成績會下滑，**被說「你很努力呢」的小組，成績則有提高的傾向**。

除此之外，這場實驗也顯示，小孩被讚美「能力」而非「努力」的話，在面臨難題時，有立刻放棄的傾向，而且成績造成的壓力，會導致他們在談到自己的成績時，有很高的機率說謊。

另一方面，實驗中也可看出，付出的努力獲得讚揚的小孩，即使遇到成績不好，也不會認為自己的能力有問題，而是**因為「自己還不夠努力」，於是繼續挑戰難題**。

對照過去與現在

考上東大人數占日本第一的開成國中、高中的前校長柳澤幸雄說「**比較過去與現在的方式來看小孩的成長過程的話，會找到許多可以讚美的地方**」，並稱呼這種方式叫「垂直比較」。他表示，想要提高小孩的自我肯定感，垂直比較他們的成長狀態非常重要。

METHOD 77	進行「回饋」
	⇨ 用正向積極的方式，告知課題

為了培養小孩產生「只要動手去做，就能做到」的心情，讚美小孩學習和幫忙做家事是非常重要的一環。

然而，現實中大人不可能只是一昧讚揚小孩，也會浮現各種希望他們改進的想法。

那麼，**要怎麼做才能有效地說出小孩應該改進的地方呢？**關鍵在於「回饋」。所謂的回饋，是指具體告訴小孩做什麼行動會得到什麼結果，並提出建議讓對方可以回顧。

✔ 要怎麼做才能好好進行「回饋」呢？

採取「讚美 → 需要改進的地方 → 讚美」的三明治方式

回饋手法中，有一種三明治溝通法（PNP），它是指**在正向的回饋中夾雜著負向的回饋**。

最初從**「讚美」**開始，具體讚揚哪裡好。其次，告訴對方**「哪裡可以改進」**。這是重點。然後，再次重複一開始舉出的**「誇獎重點」**。根據場合不同，這裡可以加上新的誇獎重點，

暢快地做個總結。

做得很好！

這裡好像可以
稍微修正一下耶？

但你表現得
很棒喔！

① 具體讚美　② 說出可改進之處　③ 再次讚美

在「讚美話語」中間，傳達改進之處

明確區分「How」和「What」

很明顯地，在回饋行為裡，最重要的是三明治的「內餡」部分，也就是「小孩今後可以改進的地方」。**重點在於要讓對方具體了解該用什麼方法（How）、去做什麼（What）**。

大人不要單方面把想法強加在小孩身上，而是要一邊提出問題，一邊陪伴小孩直到他們找到屬於自己的結論。

使用「所以」，而非「但是」

回饋是讓小孩成長的機會，**藉由身邊的人的一種說話方式，來使小孩的行動產生轉變**。

大人在進行回饋時，如果使用「但是」「雖然」的轉折連接詞的話，會打擊小孩的幹勁。

因此，大人進行回饋時，倘若特地使用「所以說」或「如果……的話，會不會比較好」這樣的說法，小孩便能以正向積極的心態聽進耳中，幹勁也會隨之高漲。

不要忘了跟進

　　大人不要做完回饋便置之不理，**只要小孩稍微做出一點改進，就要馬上給予讚美**。

用肯定說法進行回饋

METHOD 78

決定「優先順序」

⇨ 用待辦事項清單來整理行動

　　我們總是在不知不覺間，把想做的事放在第一順位，一直延後該做的事情。而小孩的話更不用說，肯定是：「想做的事第一優先！」但說起來，他們其實根本連「優先順序」是什麼意思都不知道。

　　鳥取大學的應用行為分析學家井上雅彥教授建議大家，**用「便條紙」整理每天要做的事，使之可視化**，這樣便容易決定優先順序了。

✔ 要怎麼決定「優先順序」呢？

按時段進行劃分

　　首先，把時段劃分成「早、中、晚」後，再來思考。接著，讓小孩把每個時段裡自己想做的事，以及認為應該去做比較好的事，通通寫在便條紙上。

區分「一定要做的事」和「自己想做的事」

　　1 張便條紙上只寫 1 項行動，用顏色區分成**「每天一定要做的事」**，譬如洗臉、刷牙、吃飯、洗澡、寫功課、練習計算題、寫漢字練習題，以及**「有時間的話想去做的事」**，例如和朋友一起玩、打電動、閱讀、看電視（舉例：一定要做的事用粉紅色、想做的事用綠色，諸如此類）。

不要全都只寫「一定要做的事」

　　隨著就讀年級上升，小孩要上的才藝班變多，回家時間變晚，甚至連在家裡大人也會讓他們去做各種事情，導致小孩做「自己想做的事」的時間愈來愈少。

　　身為史丹佛大學教育學研究所的高級講師，專門研究青年的成功和動機的丹妮絲・波普說：**「年幼的孩童需要在每天放學後的固定時間裡，有 1 個小時的『玩耍時間』。」**已經有證據證明，玩耍可活化大腦，還能提升小孩的創造力與共感力。在想讓小孩做一大堆事情前，優先確保他們擁有自由時間相當重要。

利用軟性磁鐵，滿足成就感

　　如果每天生活作息規律，就不要用便條紙，改用兩面都是磁鐵的軟性磁鐵，**和小孩一起製作「待辦事項清單」**。

　　百元商店有賣五彩繽紛的軟性磁鐵。使用軟性磁鐵時也和

便條紙一樣，用顏色劃分為「一定要做的事」和「自己想做的事」，然後把便條紙的內容直接照搬過去。

由於軟性磁鐵的背面也能使用，所以可在背面寫上「做到了！」「完成了！」之類的話，或是畫上笑臉標誌等圖案，**每做完一件事就把磁鐵片翻過來**，這樣會比較容易產生成就感。

據說有許多家長都很用心去實踐這種為小孩設計的「**待辦事項清單**」，在網路上搜尋「兒童 行事曆板」的話，會找到許多公開的構思，值得大家參考一下。

每完成 1 項「要做的事」，就把軟性磁鐵翻過來，享受成就感！

進行「朗讀」

METHOD
79

⇨ **弄錯發音也無妨，讓孩子「快樂」朗讀**

閱讀書籍的時候，如果搭配朗讀，大腦等於同時進行「讀」「說」「聽」的工作，額葉區域會因而格外受到刺激。

額葉是控制記憶、欲望及自制力的區域，也就是說，**透過朗讀刺激額葉，可以鍛鍊記憶力、集中力、注意力。**

除此之外，據說朗讀也可促使腦內大量分泌出大家稱為「幸福荷爾蒙」的血清素，能安定精神。

朗讀

用眼睛讀（輸入）
發出聲音（輸出）
以耳朵聽（輸入）

容易記住，較難忘記

朗讀是「輸入 × 輸出」，能給大腦帶來良好刺激

✔ 怎麼做才能讓孩子好好「朗讀」呢？

停下手邊的事去聆聽

孩子在朗讀的時候，父母**不可以「一邊做○○，一邊聽」**，而是要停下手邊的事去傾聽。

立刻讚美

朗讀結束後，父母要立刻讚揚說「你都讀出來了」「真了不起」。腦科學家川島隆太教授說，**父母只要立刻讚美，便能使小孩的大腦活化，幹勁也會隨之提高**。

「學習前」很有效

由於立刻讚美能使大腦活化，幹勁也會隨之提升，所以朗讀適合拿來當成學習前的熱身運動。川島教授的研究顯示，**進行朗讀能使「記憶」的容量增加 2 ～ 3 成左右**。

川島教授說，尤其是小孩，他們的腦容量會變大，不只記憶力，連創造力、邏輯思考力和自制力也會隨之增高。

唸錯了也不當場糾正

30 年來教授小學生～高中生的作文教室「言葉之森」社長中根克明表示，小孩還在低年級的時候，**即使弄錯了詞句的讀法和斷句方法，也不要當場糾正，應該持續聆聽到最後**。

如果在小孩卡住的地方，打斷朗讀並指出錯誤，會害小孩後來讀得很緊張。中根指出，這麼一來小孩會「覺得讀書很痛苦，無法長久持續下去」。

中根還表示，父母與其當場指出孩子唸錯的地方，不如**在孩子唸過之後，跟著朗讀一次相同的段落給孩子聽**。父母如果可以快樂且正確地朗讀到最後，孩子也自然能改正錯誤。

文章整體涵義不會因為稍微讀錯一點就產生巨大偏差，因此中根建議父母，**第一優先的事是「首先先讚美孩子」「最重要的是讓小孩能快樂地沉浸在朗讀中」**。

反覆朗讀，提高速度

川島教授表示，提升閱讀速度，能使大腦反應速度加快。

給大腦增加負荷的話，會使額葉更加活化，理解文章的速度也會提高。

朗讀是從眼睛攝取文字資訊，然後發聲唸出來，換句話說，就是藉由迅速、重複輸入和輸出的動作，**讓用眼睛讀到的記憶與發出聲音唸出來的記憶更容易連結，人的記憶力也會因而逐步提高**。

給孩子「獎勵」

⇨ 提升動力的報酬

　　關於獎勵這件事，現在眾人的看法依舊分歧。羅徹斯特大學的心理學家愛德華・德西（Edward L. Deci）教授對 2 組大學生進行了實驗。他對其中一組大學生承諾，只要每完成 1 項益智遊戲就能得到報酬，而另 1 組則什麼好處也沒給。

　　這兩個組別原本都很享受玩益智遊戲，但自從聽到這個條件後，獲得報酬承諾的小組**在沒有報酬的時候，就變得不怎麼去碰益智遊戲了**。因為會收到「獎勵」，所以大腦將益智遊戲視為「能得到獎勵的苦工」，動力便就此下降。

　　除此之外，哈佛大學的經濟學家羅蘭・弗萊爾（Roland G. Fryer）教授進行了一場大規模實驗，測試在「考試如果考得好，就給你獎勵」的情況下和「每看 1 本書，就給你獎勵」的情況下，哪一邊的小孩學力會提高。結果，最後**成績變好的是聽到看書會得到獎勵的小孩**。

　　可以說這就跟讚美的實驗一樣，獎勵**放在看書的「努力」上才會有效果**，放在完成益智遊戲或考試拿到好成績之類的「結果」上則不然。

✔ 怎麼做才能正確給予孩子「獎勵」呢？

針對孩子的努力而非結果

舉例來說，大人應該**針對「朗讀完 3 次」「努力練習跳繩 15 分鐘」的努力，給予小孩獎勵**。

相反的，對於「考 100 分的話」「補習班分班成績提高」「彈鋼琴時不彈錯音」的結果，則不在獎勵目標內。

獎勵理由明確

若針對結果進行獎勵，會變成只要結果還沒出來，小孩便很難得到獎勵。可是，對小孩的努力進行獎勵的話，只要他們做好該做的事，就能確實拿到獎勵。不把目標設定在遙遠的將來，而是**清楚表明只要當下努力便能獲得獎勵**，如此一來，小孩會比較容易了解其中緣由，也能提高幹勁努力學習。

給孩子獎盃或獎狀

芝加哥大學的社會經濟學家史帝文・李維特教授等人所進行的實驗顯示，在小孩還小的時候，比起金錢，**獎牌或獎盃之類的物品更能激起他們的幹勁**。

在百元商店就能買到獎牌和獎盃，網路上則有可以免費製成獎狀的範本，網路和文具店販售的「獎勵貼紙」也有五花八門的類型，小孩收到會很開心。

獎盃或獎狀會帶給孩子巨大的成就感

給「金錢」時要注意

根據哈佛大學弗萊爾教授的調查，獲得金錢獎勵的小孩用錢方式通常有條有理，不會亂花錢，懂得好好儲蓄。

教育經濟學家中室牧子教授認為，會產生這種結果，原因之一是大人會**同時對小孩進行「金融教育」**，例如在獎勵的同時，幫小孩開設儲蓄用的銀行帳戶，讓他們記帳。

如果能把金錢相關的正確知識教給小孩，用金錢當獎勵似乎也不是壞事。

METHOD 81 創造「幹勁」
⇨ 激發孩子「主動去做」的欲望

如何讓孩子願意主動學習呢？**想讓孩子有幹勁的話，大人該怎麼做呢？**在心理學上，使人有幹勁的歷程稱為「動機」。

動機就如同糖果與鞭子（獎勵與懲罰），分為受自己以外的事物影響的「外在」動機，以及從自己內心的關心、興趣、欲望產生的「內在」動機。

父母比較容易控制外在動機，並且外在動機的做法可以馬上見效，但是無法長久持續。

舉例來說，小孩如果是因為「考不好怕被罵」的因素而用功讀書，避免被罵會成為他們的行為目的，**想要主動去用功讀書的欲望便因而降低。**

雖然在看到成效之前需要花費一些時間，不過想讓小孩的幹勁持續下去，必須讓他們有「內在動機」。

✔ 要怎麼做才能創造「幹勁」呢？

讓孩子有「成功經驗」

羅徹斯特大學的德西教授指出，「**倘若人擁有只要肯嘗試就能做到的自我效能，幹勁就會高漲**，但愈是覺得自己做什麼都不會成功，幹勁就會愈低」。

從日本倍樂生教育綜合研究機構的「國中小學生學習狀況實態調查報告書」（2014）中也可了解，**覺得自己能成功的心情愈強烈**，小孩愈能因為內在動機而專注於學習，成績也有比較優秀的趨勢。

那麼，當小孩較不認為自己能成功，沒有幹勁的話，大人該怎麼做才好呢？

法政大學的發展心理學家渡邊彌生教授表示，**讓孩子有「成功經驗」很重要**。因此，他說：「為了讓小孩能成功，大人應該具體設定只要努力就必定能達到的目標或標的。當小孩完成時，就讚美說『你成功了』，給予他們成就感，然後再制定下 1 個小孩應該能成功達成的目標，這種設定『small step』的做法頗有效果。」

當小孩容易獲得成就感，便會一步步產生自信，進而產生學習欲望。

讓孩子自己做選擇

如果能按照自己的自由意志選擇要做的事，內在動機便會增強。

德西教授所進行的實驗裡，他讓其中1個小組自行選擇「要解哪個益智遊戲，要在那個益智遊戲上花多久時間」，然後把第1組所選的同款益智遊戲交給另1組，並告訴他們要在相同時間內解開。

結果，兩個小組相比，擁有選擇機會的前面小組的熱情比後面小組還高。

可以自己自由選擇要在何時、何地、以怎樣的步驟去做什麼事，能使人的幹勁提升。

依賴、讚美、鼓勵

此外，德西教授還表示，有時候即使一開始的行動是始於外在動機，但也有後來內在動機變強的情況。

縱使起初不是因為喜歡才開始，但**經歷了被周圍的某人拜託、讚美，失敗了也有人在身旁溫暖守護的經驗**後，心情就會逐漸變得愉快、想知道更多，在興趣或關心上產生變化。

特別是如果還處於沒什麼熱情的階段，有個「可以一起努力加油的人」會使我們的動機變強烈。

面對學習態度很消極的孩子，大人要在旁邊一邊鼓勵一邊看著他們用功學習，或是讓他們去指導其他人，譬如年紀小的

弟弟或妹妹，這能成為激發他們熱情的契機。

自主學習喜歡的事物

既是牛津大學心理學家，也是教育學家的傑羅姆・布魯納（Jerome Seymour Bruner）教授說，**學習自己喜歡的事物時感受到的快樂和好奇心，是內在動機的重要根源。**

想要有效利用好奇心，就要讓小孩深入探索自己的喜好，刺激他們「想知道」的心情，親子共同樂在其中。因為自主投入學習的態度，能激發出小孩的學習欲望。

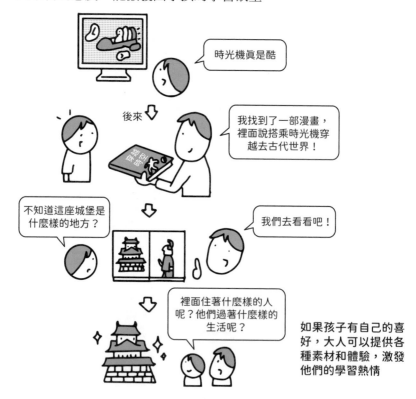

時光機真是酷

後來

我找到了一部漫畫，裡面說搭乘時光機穿越去古代世界！

不知道這座城堡是什麼樣的地方？

我們去看看吧！

裡面住著什麼樣的人呢？他們過著什麼樣的生活呢？

如果孩子有自己的喜好，大人可以提供各種素材和體驗，激發他們的學習熱情

「支持」孩子

METHOD 82

⇨ **不會過度干涉的支持方式**

　　哈佛大學兒童發展中心表示，周遭大人的適當支持，對小孩**掌管記憶力、專注力、自制力等大腦機能的發展相當重要。**

　　然而近來，父母的協助已經做過頭，達到不必要的程度，也引發了「過度干涉」的問題。

　　在過度干涉的育兒方法中，為了不讓孩子感到傷腦筋或面臨失敗，父母會提前一步把障礙通通清除。因為這種父母總是在小孩身旁嗡嗡嗡嗡地巡邏，所以被稱為**「直升機父母」**，又或者稱為**「冰壺育兒」。**

　　美國的調查結果發現，直升機父母所養育的大學生有很高的機率出現憂鬱症的症狀。

　　京都大學心理學家河合隼雄名譽教授曾說過：「以前的父母沒有錢，連給孩子最低限度的食衣住都辦不到，因此會去思考自己能為孩子做點什麼。可是，**現代父母的愛卻必須思考『我不要去做什麼』。**」（出自《我希望流傳下去的事》〔私が語り伝えたかったこと〕）。

　　隨著少子化問題日趨嚴重，如何斟酌尺度益發困難。

✔ 怎麼做才能好好「支持」孩子呢？

按照 3 種分類進行整理

面對雜亂的桌子，大腦的注意力就會分散，人也會感到更加疲勞。倘若小孩看起來不擅長收拾整理，父母就一起協助。

師從近藤麻理惠的整理顧問安藤貢說，**幫物品分類時如果劃分成「3 種類」，小孩也能跟著輕鬆區分**。至於該怎麼分類，親子可以商量後再決定。長時間不使用的物品看是要狠心丟掉或集中放在衣物箱裡。

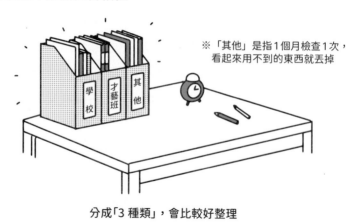

※「其他」是指1個月檢查1次，看起來用不到的東西就丟掉

分成「3 種類」，會比較好整理

事先決定好日常工作

小孩不太擅長擬定計劃。可以把他們非做不可的家庭作業或自主的複習預習當成每天的日常工作，親子共同事先決定何時做什麼。

讓孩子選擇要怎麼做

可是，如果大人把事前準備工作從頭到尾都全部做完了，會導致小孩無法決定自己應該做什麼、想要做什麼。

想做什麼、想先從哪件事著手，應當交由小孩做決定。縱使小孩無法馬上做出決定，也要等到他們自己決定為止。要尊重小孩的決定，注意別只優先著重大人方便與否。

不干擾，不幫忙

無論是運動或讀書，即使小孩在途中遇到困難，或者是鬆懈發呆，基本上大人只要從旁注視即可。

當然，如果發現小孩可能遭遇危及生命的傷害，或可能傷害別人的時候，大人還是必須出手幫忙，但是，若因大人的因素而干擾小孩，或**幫忙過頭，甚至剝奪了小孩的成就感，就是本末倒置了**。

讓孩子產生勇氣

小孩有時應該會遇到「真希望這時有人來幫我」的情況，但父母如果立刻提供協助，會導致小孩容易依賴大人。

心理學家阿德勒表示，所謂父母的支援，是要一邊**詢問孩子：「你覺得這時候該怎麼辦？」**一邊給予他們勇氣，讓他們知道自己的課題必須靠自己的力量去解決才行。

溝通力

思考力

自我肯定感

創造力

學力

體力

METHOD 83　一起決定「學校」

⇨ 不要只依實績做選擇

　　日本自 2020 年起修訂《小學新學習指導要領》，一改先前只以學習知識和技能為目的的教育方式，**還多納入了透過對話讓學生自主學習的「主動學習」**。

　　英語從小學開始成為學科之一，大家開始重視起小孩活用「聽、說、讀、寫」4 種技能，建立表達能力。

　　受此改革趨勢的影響，不論是公、私立學校，現有學校的教育課程都產生巨大的變化，學校也邁向了多樣化，譬如函授制、全住宿制和國際學校等等。**從眾多選項中選擇學校時，必須具備確定自己「對學校的要求是什麼」的核心想法**。尤其國中、高中時代是人格形成時期，小孩的大半時間都在學校度過，如何選擇學校將會對小孩的成長帶來莫大影響。

✔ 該如何選擇「學校」呢？

決定好要讀當地的公立學校，或參加國中入學考

　　進入當地公立學校就讀的優點是不必花很多錢、離家近，

會有很多從小就認識的朋友當同學，所以令人感到安心，**孩子在國小時代可以盡情玩耍**。

而另一方面，選擇參加國中入學考試的話，就要讓年幼的小孩度過一段課業繁重的時光，例如去補習班用功讀書。此外，家長的經濟負擔也會很大。不僅要付補習班費用，如果小孩讀的是私立學校，學費也不便宜。但即便如此，**只要進入完全中學，優點是不用參加高中聯考，在時間和精神上都能擁有餘裕**。小孩可以盡情投入自己想做的事，像是社團、學校活動或課外活動等等，度過無拘無束的 6 年時光。

爲了參加國中入學考，選擇「補習班」

要參加國中入學考試的話，通常會從小學 3 年級的 2 月開始上補習班。

大型補習班的教材、教育課程都很洗鍊，這一點讓人放心。但是，有的補習班在教材整理或行事曆管理等方面，需要父母的支援，因此，在決定補習班的時候，**不要只看實績和水準，還要看清它是否適合自己的家庭狀況**。

私人經營補習班和個別指導的水準參差不齊，不過如果能遇到與小孩合得來的老師，便能獲得大型補習班所沒有的精心指導。

決定好挑選學校的「核心想法」

不要一開始就設定太多條件，**先去各個學校參訪，培養選擇學校的眼光**。

熟知國中入學考試的教育記者太田敏正列舉了4個「選擇學校時的訣竅」。從這4個觀點來決定挑選學校的核心想法的話，應該會比較容易找到中意的學校。

不囿於先入為主的觀念，親子一同前往各式各樣的學校看看

① 男女分校或男女同校

男女分校的好處是不用在意異性，可以過得無拘無束，男女同校的好處則是學生個性更具廣泛性，可置身於多樣化的環境裡，兩種類型各有魅力。

② 學校的歷史和成立背景

雖然監護人不怎麼重視這個部分，但太田說，這其實會對小孩造成很大的影響。實際上，每個學生各自有不同的個性，

而學校的歷史背景會讓大家**在畢業離開時，身上帶著某種類似共通「特質」的東西**。

據說想要看透這個「特質」，最好關注校長。因為校長的日常言行舉止，可說反映了建校精神所歌頌的人物形象。

③ 自由與紀律的平衡

太田說，想要確認這一點，可用舉辦園遊會時學校給學生多大的自由空間來當判準。

另外，參觀學校時，**看看校長、老師、學生之間對話時氣氛融不融洽**，也是觀察自由和紀律平衡的重點。

④ 是否在大門口展示升學成果？

把升學成果展示在大門口的學校，很多都把課程重點放在應付考試上；而擁有優秀升學成果卻沒有展示出來的學校裡，許多都制定了廣泛的一般教養與思考力的培育課程。

不要認為「無論如何就是選第一志願」

大人需要注意的是，別在小孩的考試中陷入「沒考上第一志願就輸了」的念頭。

平日就要抱著**「每間學校都很有魅力，要是全部都考上就傷腦筋了」**的想法，引導小孩不管選哪個學校都要開開心心地升學，這才是最重要的。

擁有「自己的空間」

⇨ 何謂能發展潛力的環境？

在慶應義塾大學推動的新創企業長期擔任住宅綜合顧問的四十萬靖，採訪了約 200 個考上著名私立國中家庭的居住環境，調查**「聰明孩子」**是在怎樣的家裡長大。

與四十萬共同參與此次調查的渡邊朗子，既是建築師，也是東洋大學情報連攜學院的教授，她說：「所謂的『聰明孩子』，並非單純指『會讀書的孩子』，而是**指好奇心強、會仔細觀察事物、會思考、遇到問題會勇敢挑戰、感性與創造力都很優秀的孩子。**」（出自《聰明孩子成長的家》〔頭のよい子が育つ家〕）。

翻閱調查結果，會發現適合孩子學習的家都具備幾個共同點。

✔ 要如何開創「自己的空間」呢？

在想讀書的地方讀書

渡邊教授表示「對小孩來說，生活的『基地』絕非小孩的

房間，而是整個家裡」，並舉出「Nomad」就是「聰明孩子成長的家」所具備的共通要素。

Nomad 是遊牧民族的意思。「聰明孩子」會像遊牧民族似的，在家裡轉換學習場所，**並不一定關在自己房間裡讀書學習**。

只要是能感受到家人氣息的空間，他們就能放心讀書。

把孩子的房間變成通風良好的地方

對小孩而言，**可以獨處的個人空間能給人一種精神上的安心感，是他們成長過程中不可欠缺的。**

不過，大人用不著把小孩的房間打造成可以學習、玩樂、睡覺，所有事情都能進行的豪華空間，渡邊教授表示，反而「空間小也無所謂，小孩的房間應該是一個能感受到與家人的聯繫、**通風良好**的地方」。

為了這個目標，大人應該要下功夫，令小孩即使待在個人房間裡，親子間依然能感受到對方的氣息，譬如把小孩房間的門整個打開來、把門拆掉用布簾做空間區隔。

孩子房間的房門要整個打開來，不要讓他們變得孤立

逐步進行轉移

早稻田大學兒童環境學家佐藤將之副教授表示，如果小孩說出「想要有自己的房間」，大人逐步進行轉移會比較順利，譬如一開始小孩只在自己房間裡睡覺，讀書的時候依然在客廳裡。

進出孩子房間要經由客廳

建築師橫山彰人則給出忠告，倘若選擇孩子的房間是直接可以從玄關進出，親子不會碰到面的地點，**孩子會被家人孤立，可能因此做出不良行為**。

為了避免在父母不知情的情況下，讓孩子的朋友自由進出家中，或是孩子隨便跑出門，**最理想的方式是將孩子的房間安排在必須經由客廳進出的地點上**。

與大自然互動

人會受到包含房子在內的外部環境的巨大影響。「歐洲有一個詞彙叫『大自然缺失症兒童』，小石頭、水窪、昆蟲爬行、綠草生長……**如果不讓小孩盡情沉浸在這樣的世界裡，他們的知覺就無法充分發育。**」東京大學醫學部的解剖學家養老孟司名譽教授表示。

不在大自然中積累運用五感的經驗，腦部的成長就會失去平衡。如果是生活在自然環境稀少的都市裡，週末和假日**讓小孩置身於能與大自然互動的環境裡**，對他們的成長非常關鍵。

METHOD
85

早睡早起

⇨ **爲了大腦，要保持充足睡眠**

　　加州大學柏克萊分校的腦科學學家馬修・沃克教授表示，**學習之後如果有充足的睡眠**，記憶會比沒有睡眠的情況更加穩固。根據哈佛大學醫學部的研究，**學習完後接下來的 30 個小時最重要**，倘若這段期間內睡眠不足，等過了 30 小時之後，縱使熟睡一整晚也不會有效果。

　　從睡眠及學習方面的各種研究中可看出，睡眠不僅能使我們前一天學到的知識或技術更深刻地留在記憶裡，也能加深我們的理解。

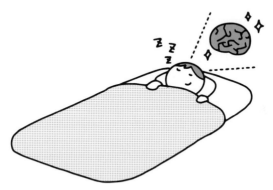

學習完的 30 個小時內要好好睡覺

在人類睡覺的時候，大腦依然會做清醒時進行的各種資訊處理，甚至還會把清醒時的處理工作修補好。

有一句話叫做「讀書讀到廢寢忘食」，不過最新的研究顯示這種做法不正確。

此外，根據日本文部科學省的研究報告，將早睡早起的晨型人與晚睡晚起的夜型人的讀書與運動成績拿來做比較，會發現不管哪一項，**都是晨型人的成績比夜型人的好。**

美國高中生的學業成績上也出現了同樣的結果，因此可以說，早睡早起並且擁有充足睡眠，對於學習習慣相當重要。

✔ 要怎麼做才能「早睡早起」呢？

小學生要 9 點就寢

文教大學教育學院的成田奈緒子教授是小兒科醫生，她表示，**小學生最好盡可能在晚上 9 點睡覺。**

為了使生長激素有效發揮功用，在 10 點「熟睡」是最理想的。

當小孩因為上補習班或上運動課等的才藝班，導致很晚才回家的時候，在上才藝班之前，可以讓他們先吃個飯糰。下課回家後，再讓他們吃一些簡單餐點，並注意不要讓小孩太晚睡（參考第 330 頁，METHOD 87：均衡攝取「營養」）。

避免下午 3 點後午睡

下午 3 點後才午睡的話，會導致有時候拖到很晚也沒睡意。為了不讓就寢時間延後，**想要午睡就在下午 3 點前，時間控制在 30 分鐘到 1 個小時左右。**

就寢的前 1 個小時避開藍光

手機和遊戲機的液晶螢幕所散發出的**藍光，是睡眠荷爾蒙「褪黑激素」的大敵**。另外，用來作為房間照明的白色 LED 照明裝置也含有大量藍光。

江戶川大學睡眠研究所的福田一彥教授說：**「兒童的眼睛因為水晶體很清澈，瞳孔也大，所以容易受藍光影響。」**

為了能順利入睡，我們至少從睡覺前 1 小時開始，就要注意別接觸藍光，房間的照明也要想辦法別弄得太亮。

早上安排「小孩的工作」

遇到小孩睡眠品質不好，早上很難起床的時候，大人可以**把需要早起執行的家事也交給小孩**，像是「曬衣服」「擺早餐的筷子和杯子」「準備寵物飼料」等等。

如果建立了早上早起的規律，晚上自然就會早一點睡覺。

溝通力

思考力

自我肯定感

創造力

學力

體力

培養孩子的「專注力」

⇨ 人類最多只能專注 15 分鐘

根據加州大學爾灣分校的資訊科學家葛洛莉雅・馬克（Gloria Mark）教授所言，人類在專注狀態下進行腦力活動時，**如果遇到干擾，想再回到專注狀態需要花「23 分鐘」**。

此外，美國的布魯金斯研究院表示，如果頻繁遇到干擾，會阻礙小孩的大腦執行功能。

小孩周圍總是充滿了快樂的刺激，因此，他們的腦海裡很容易被雜念所占據。

現代的環境，讓小孩的大腦很難專注在 1 件事情上，對想進行有效率的學習及大腦發育來說，絕非好事。

✔ 怎麼做才能培養孩子的「專注力」呢？

桌上只放「現在要做的事」

讀書學習的時候，首先要創造視野中不會出現沒用事物的環境。否則，大腦會**自動從這些沒用的事物中汲取資訊，消耗能量造成疲勞**。

為了不讓小孩的大腦耗費無謂的能量，大人要把桌子上的無關物品收起來，或者用素色的布蓋住遮掩，也是一種有效方法。想讓小孩能專注在自己該做的事情上，方法就是只把現在要做的事擺在他們眼前。

整理顧問安藤貢建議，**桌上常備的文具也要嚴選小孩喜歡且好用的款式**。

決定「例行公事」

所謂的例行公事，就是類似一種「儀式」的東西，譬如平日固定會做的動作。日本橄欖球選手五郎丸在踢球之前的合掌動作就很有名，許多運動選手平日進行練習時就有自己的例行公事，將其當作「專注力的開關」。

心理學上也早已揭露這種做法頗有效果，亦可運用在讀書上。親子可以共同思考一些每天能快樂持續下去的例行公事，像是小孩要開始讀書的時候，「把文具擺到固定位置上」「把桌子擦乾淨」「親子互相說指定的話語」等等。

進行「細分」並計時

關於小孩可以集中注意力的時間，據說**學齡前兒童～小學低年級學童約莫是「年齡加 1 分鐘」，國中生到高年級則是「15 分鐘」左右**。

由於小孩無法長時間集中注意力，因此，應對的訣竅是把

溝通力

思考力

自我肯定感

創造力

學力

體力

他們該做的事細分成 5 到 10 分鐘左右可以完成的分量，然後像玩遊戲一樣使用碼錶，開始時說：「預備，開始！」

把花費的時間和正確回答率當成遊戲的得分紀錄，**營造出類似闖過一關關的遊戲關卡的氣氛的話，小孩的幹勁就能隨之提升。**

以「5 ～ 10 分鐘 × 2 ～ 3 次」的方式進行，小孩會比較容易獲得成就感，不僅培養他們的專注力，也能讓他們掌握住時間感（參考第 263 頁，METHOD 68：把認真學習變成「習慣」）。

「休息」

出生義大利的法蘭西斯科・西里洛創造出「番茄工作法」時間管理法，這個方法是持續工作、讀書和做家事 **25 分鐘後，休息 5 分鐘，然後這個循環最多延續 4 次。**

西里洛表示，對人類來說，「25 分鐘 + 5 分鐘」是可以促發最大生產力及效率的最佳平衡方法。

換成小孩的話，要他們一口氣專注 25 分鐘是很難的事，**但讀書學習後休息一下讓大腦停下運轉，可以提高學習效率和專注力。**

喝「水」

根據東倫敦大學和西敏寺大學的聯合研究，**讀書前喝 1 杯**

水的小孩，其專注力和記憶力都有明顯的提升。

　　腦部的 80% 是由水所構成，為了提高大腦機能，補充水分不可或缺。

SECTION 6

如何培養體力呢？

透過「營養與運動」，強化大腦及身體

STRENGTH

均衡攝取「營養」

⇨ 良好飲食的單純本質

身為營養師的牧野直子專門研究兒童的營養諮詢，她表示，小孩的飲食中最該注重的是**「調整整體平衡」**。

想要調整平衡，基本原則就是備齊主食、主菜、副菜。牧野說，最佳均衡飲食的比例是主食：主菜：副菜為 3：1：2。

最佳均衡飲食主食（白飯等）：主菜（肉類等）：副菜（蔬菜等）的比例是 3：1：2

✔ 要怎麼做才能均衡攝取「營養」呢？

把「主食、主菜、副菜」搭配成 1 組套餐

「**主食**」以米飯、麵包等醣類為主。醣類是大腦活動和身

體的能量來源。

減醣飲食現在蔚為流行，但是牧野勸告大家：「**如果醣類不足，會消耗蛋白質來代替，為了讓身體長大，這個必需營養素就會被用掉**，結果阻礙到骨骼和肌肉的成長。」因此，小孩 1 餐大約要吃 2 個飯糰，攝取足夠的醣類相當要緊。

「**主菜**」要選擇肉、魚、蛋、豆類製品等富含蛋白質的食材。主菜是製造肌肉和血液的基礎，特別是一直在運動的小孩，**為了使肌肉從疲勞中恢復，必要充分攝取蛋白質**。

「**副菜**」是富含維生素、礦物質和膳食纖維的菜餚，譬如蔬菜、菇類、海藻、蒟蒻等等。副菜可調節身體狀態。

「1 餐裡有 2 道副菜是最理想的狀況，但如果像是**喝很多料的味噌湯**，1 碗就能攝取足夠營養。此外，主菜裡如果加了滿滿的蔬菜，便能同時當成主菜和副菜。調味方面，主菜味道比較重的話，副菜味道就調得比較淡；主菜鹹的話，副菜就讓它帶有甜味，保持餐點整體味覺平衡，小孩才能吃得津津有味，不會覺得膩。」（牧野）

每天喝 2 杯牛奶

此外，小孩在成長期時不可或缺的營養素是鈣質，大部分的鈣質都是在成長期之前累積起來的。**為了防止成人後罹患骨質疏鬆症和生活習慣病，這個時期充分攝取鈣質不可或缺**。

牛奶每天要喝 2 杯左右。有營養午餐的日子，請讓小孩在

早餐或點心時間搭配 1 杯牛奶一起享用。

可是，只有這樣依然不夠，小孩仍需要從其他食品中補充營養素。**牛奶以外的乳製品也富含大量鈣質**，像優格、起司等等。從綠色葉菜類（小松菜）、海藻類（羊棲菜）、豆類食品（木棉豆腐和納豆）、小魚乾和櫻花蝦（可以連外殼、骨頭都吃下肚的類型）這類食物中，也能攝取到鈣質。

據說在日本，連成年人都鈣質不足。牧野說，面對小孩，「在沒有營養午餐的週末和長假期間尤其更要注意，大人要記住全家一起積極食用乳製品」。

分成每人 1 份

兒童肥胖人數不斷增加，牧野表示，**盛裝菜餚時分成每個人 1 份，可以防止偏食或吃太多**。小孩的餐點可以學餐廳的兒童午餐，用 1 個盤子盛裝，將各種菜餚放在 1 個盤子上，會顯得很五彩繽紛。使用紅色、橙色或黃色之類的暖色系器皿的話，據說可以促進食欲。

若太晚吃晚餐的話，可以分成「兩次」

近來，因父母下班時間過晚和小孩上補習班、才藝班的關係，有許多家庭的晚餐時間或許經常往後延。遇到這種情況，牧野建議「可以讓小孩分兩次用餐」。

第 1 次是在傍晚時，先讓小孩吃麵包或飯糰的主食類食

品。肉包和飯糰裡包的豬肉、鮭魚及鱈魚子等餡料含有**維生素B1，如果與主食的醣類一起攝取，可使大腦運作更靈活。**

第 2 次則是讓小孩吃比平時餐點少 1 ～ 2 成的主菜和副菜，只不過第 2 次的菜餚**不要選油炸食物需要花較多時間消化的東西比較好**，否則會導致小孩睡眠變淺，隔天早上沒有食欲，吃不下早餐。

如果孩子不吃呢？或吃太多呢？

面對食量小的小孩，少量的高卡路里油炸食物，就能讓他們攝取到足夠的熱量。相反地，如果是吃太多的小孩，為了不讓他們吃太快，**就要選擇耐嚼的食物，讓小孩必須細嚼慢嚥慢慢吃。**

「要讓食物有嚼勁，以義大利麵來說，如果選用筆管麵那種短的義大利麵，就需要花時間咀嚼。蔬菜也可以用水煮的方式烹調得硬一點，或順著纖維切就能保留嚼勁。譬如，切高麗菜絲的時候，如果用逆紋切切斷纖維，菜絲會變軟，口感就顯得軟嫩，順著纖維切的話，則會脆脆的、有嚼勁。」（牧野）

給孩子吃「點心」

⇨ **比起糖分，更要注意脂質**

　　小孩由於活動量大，所以會想吃零食。營養師牧野表示，零食的重點在於**「決定吃的時間和分量」**。否則，小孩會一直吃個不停，結果導致吃不下晚餐。

　　點心時間要設定在午餐和晚餐的中間，**把 1 份餐點放在盤子上交給小孩**。分量是 1 天所需熱量的 10% 左右，小學生的話大概以 200 大卡為基準。以片狀巧克力來說就是 1 片的一半；紅豆麵包的話是整個；洋芋片的話則大約是一小包。

　　選擇零食的重點比起醣類，更應該檢查脂質。脂質高，消化所需的能量就大，有時會導致小孩變得沒精神或想睡覺。

半塊片狀巧克力　　　1 個紅豆麵包　　　　小包裝洋芋片 1 包

零食的基準是一天 200 大卡

✔ 什麼是「好的點心」呢？

選擇脂質少的點心

　　和菓子是讓人放心的點心。牧野說：「包含銅鑼燒和醬油糰子在內，和菓子的脂質少，紅豆中還含有日本人經常缺乏的膳食纖維。其他**脂質少的點心有飯糰、紅豆包子、紅豆麵包、果醬麵包、葡萄麵包**，香蕉、果凍、優格也很不錯。」

　　另一方面，屬於脂質高的點心則有蛋糕、熱狗、杯麵、日式唐揚炸雞、漢堡、炸薯條、咖哩麵包、冰淇淋。

　　上列食物都是小孩最愛吃的東西，但因為卡路里很高，所以最好不要每天吃。**油炸類零食裡含有的反式脂肪酸，會增加壞膽固醇，可能會引發老化和生活習慣病。**

注意含糖飲料

　　小學生階段 1 天需要 1 公升左右的水分。小孩感到口渴時，喝一杯牛奶可補充鈣質的不足。

　　此外，**想要好好補充水分的話，最好喝水或茶**。至於小孩最喜歡的運動飲料，給他們 1 杯的分量當點心沒問題，但如果每次口渴都喝運動飲料的話，卡路里馬上就會超標。

　　500 毫升的汽水裡，砂糖等成份含有的醣類有時候就將近50 公克了。

　　醣類是小孩成長過程中不可或缺的重要營養素，可是，如

果每天都喝好幾次果汁，**不知不覺間光是飲料就會導致小孩砂糖攝取過度**，因此大人必須多加注意。

運動之後要補充能量

當小孩上才藝班、去運動前還有時間的話，「給小孩吃一些醣類中可以慢慢消化、吸收且**澱粉含量多的食物，能長時間提供他們能量，身體動作也會變靈活**，例如飯糰、紅豆包子」（牧野）。

運動之後，為了迅速消解疲勞和修復肌肉，應該要讓小孩盡早「喝 100％ 的柳橙汁、含有維生素 C 或檸檬酸的運動飲料，或是**吃小顆飯糰、牛奶或香蕉等食物，效果會比較明顯**。此外，晚餐時充分補充蛋白質也很重要」，牧野表示。

METHOD 89

吃「早餐」

⇨ 創造簡單的類型

　　人類在睡覺時也會逐漸消耗能量，所以早上起床時才會能量不足。睡覺的時候體溫會下降，讓身體進入節能模式。所以，透過吃早餐讓體溫上升，**全身才能充滿能量，進而令大腦和身體產生活力**。

　　大腦運作時，葡萄糖是必要的能量來源。早餐時補充葡萄糖，提升血糖值，把能量送到腦部，可讓大腦徹底清醒過來。

　　除此之外，人類還能透過咀嚼，來分泌「幸福荷爾蒙」血清素。血清素是一種可使精神穩定的神經傳導物質，倘若血清素不足，會導致心情低落，睡眠品質下降。血清素只會在人類清醒時製造分泌，吃早餐時仔細咀嚼，就能活化大腦內的「幸福荷爾蒙」分泌。

✔ 該如何好好吃「早餐」呢？

提前叫醒孩子

　　有資料顯示「每 6 個小學生裡，就有 1 個沒吃早餐」。這

情況讓人覺得很遺憾。小孩的消化器官尚未發育完全，無法一次吃下很多東西，**因此必須好好吃三餐，從中攝取重要的營養。**

除此之外，在能量不足的狀態下去學校，會無法專心上課，容易腦袋一片空白，還會**無法自在地活動身體，容易受傷。**為了讓小孩從起床到出門前的時間內一定可以吃到早餐，大人應該提前叫醒他們。

決定早餐的類型

基本上，早餐的攝取也要採取「主食：主菜：副菜＝3：1：2」的比例。話雖如此，但要在忙碌的早上花那麼多時間準備也很辛苦，因此營養師牧野說**「事先決定好早餐類型會比較輕鬆」**，並這樣建議：

「主食是米飯的話，主菜就可以選蛋和納豆，副菜則是前一天的味噌湯。主食是麵包的話，選擇像麵包捲那種不用烤就能吃的麵包，然後用起司和水煮蛋等食材當主菜，就能簡單搞定。副菜方面，常備的小番茄和事先燙好的花椰菜也很方便，但沒時間的話，也可以用蔬果汁補足。」

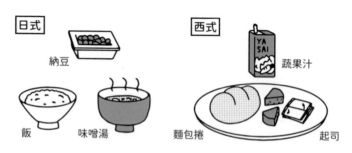

事先決定好不會太費工夫的早餐類型

METHOD 90	享受「外食」的樂趣
	⇨ 親子可以共同放鬆的寶貴機會

　　小孩最喜歡去外面吃飯了，對父母來說，那也是不需準備和收拾的轉換心情的寶貴時間。

　　平日父母都很晚回家，而小孩要上才藝班，即使有兄弟姊妹，大家吃飯時間也各自不同，但是週末去外面用餐的話，全家人可以聚在一起，也不會開電視，大家可以一**邊熱鬧地聊天，還能悠閒愉快地用餐**。

✔ 要如何靈活運用「外食」呢？

體驗稀奇料理

　　每次一考慮到「想去即使帶著孩子，也能輕鬆享受的場所」，大家往往都會去家庭餐廳。可是，難得有外食機會，**嘗試在家吃不到的料理，也是擴展小孩味覺的寶貴機會**。

　　全球化腳步愈來愈快，我們的孩子將來或許會到外國工作也說不定，先培養孩子接納各式各樣飲食文化的能力，也是父母能為他們做到的事情之一。

好比同樣都是咖哩，就不要選在家吃的咖哩飯，而是選搭配印度烤餅吃的**「印度咖哩」**，還有泰國的經典路邊攤小吃**「打拋飯」**，和烏龍麵相似的越南國民料理**「河粉」**，有許多東南亞民族料理只要請店家做成不辣的口味，小孩也能輕鬆入口。

1 星期 1 次的話，去速食店也 OK

小孩常因希望得到速食店附贈的玩具，所以想去速食店。現在速食連鎖店的食物品質和安全性都管理得非常嚴格，大人不用過度神經質。只不過，由於速食店的菜單很多都是高油脂、高卡路里，有必要考量 1 天 3 餐的整體營養均衡，所以建議**去速食店用餐，不要選太油膩的食物，並且多吃蔬菜**。

此外，上述情況也適用在喜歡吃拉麵、牛丼的大人身上。大人去速食店用餐時，要意識到頻繁吃會危害健康。

把手機和遊戲收進包包裡

全家一起出門用餐，是親子進行溝通交流的寶貴時光。好不容易有這樣的機會，卻看手機的看手機，打電動的打電動，未免太可惜了。

據說**在用餐時多交談，可以提升小孩的溝通能力**，並且還能透過家人間的放鬆交談，培育小孩的自我肯定感。邊聊天邊用餐，可以讓人放緩進食的速度，進而防止肥胖。

用餐能讓全家團聚，也可帶來許多益處。

METHOD 91　消除「好惡」

⇨ 有討厭的東西很自然

　　科學博士賈克・貝呂塞是研究味覺的世界權威，他表示：「面對相同的味道，沒有誰會有相同的反應。」

　　從 4、5 歲到 7 歲（最長到 9 歲左右），**小孩會把新食物視為危險物品**，尤其是苦味和酸味，會被他們當成「腐爛的奇怪東西」，本能上無法接受。

　　舉例來說，占據小學生討厭食物前幾名的苦瓜、芹菜、青椒，對大人來說是能享受香氣和口感的食材，可是，**對大多數小孩來說，它們等同危險的奇怪東西。**

　　食物的好惡是與生俱來的本能反應，人類在愈小的時候愈敏感，個體差異大是很自然的事。

✔ 要怎麼做才能消除「好惡」呢？

不強迫孩子接受，但也不放棄

　　不要強行對抗這種好惡的本能反應，如果光看到就覺得討厭，也沒必要強制小孩接受。特別是人類對於**苦味的味覺發育**

得相當慢，所以小孩討厭苦的食物是很自然的反應。

只不過，大人別就此不再讓小孩吃那些食物，

而是**應該隔 2 ～ 3 天之後，稍微改變味道和烹調方法，再嘗試**。因為，想要培養小孩味覺，讓他們熟悉新食物是很重要的一環。不過，大人不要每次都強迫小孩吃下去，**縱使他們不吃，大人也別在意，而是淡淡地重複這個步驟**。

等到成長到生理學上味覺開始轉變的 10 歲左右，小孩就會開始喜歡上胡椒和鹽，甚至是蔬菜。大人可以下一些功夫，像是將苦味強烈的蔬菜用甜一點的方式調味，慢慢擴展小孩的味覺範圍。

利用味道刺激來促進大腦發育

食物的味道是由舌頭表面名為味蕾的器官所接收，再透過神經細胞傳遞到大腦。味蕾會從人類 8 歲開始急速增加，12 歲達到頂峰，然後開始逐漸減少。

每次味蕾接收到味道時，發送出去的信號會刺激大腦，促進腦部發育。關於腦部的發育，據說小腦是 8 歲左右，大腦則是 12 歲左右發育完成。利用體驗五花八門的味道，來使大腦接受刺激的話，能將「視覺、聽覺、觸覺、嗅覺、味覺」五種感官磨鍊得更加敏銳。

所以說，吃東西不僅僅只是生存，還關係到腦部發展。

貝呂塞表示，**「缺乏刺激的無趣食物會使詞彙沉寂，讓語**

言衰退」。還有研究結果顯示，如果沒有讓小孩在 12 歲前充分體驗過基礎味道，長大後他們容易出現問題行為。

尤其因為味蕾能接收到的，都是食材本身的自然味道。

每次從自然味道中，識別出基本的「甜、鹹、酸、苦、鮮」這 5 種味道時，味蕾的數量都會增加，味覺也會逐步得到鍛鍊。

大人要吃得津津有味給孩子看

單看營養層面的話，即使小孩不吃討厭的特定食物，也能用其他食物來取代，因此，**就算小孩一直用喜歡的東西填飽肚子，也能順利成長**。話雖如此，但味覺與大腦的發展息息相關，從這個角度來說，讓小孩體驗形形色色的味道相當關鍵。

大人應該盡力挑戰各種不同的食材，露出津津有味的樣子給小孩看，這麼一來，小孩也會對新食物產生興趣，**湧出試著挑戰的欲望**。

在家裡，父母不喜歡的食物一般很難出現在餐桌上，但為了給小孩機會，大人也要挑戰各種味道。

花心思克服好惡

- 把食材切碎後，放進漢堡排或咖哩等菜餚中
- 使用小孩喜歡的角色玩偶或人偶來加油打氣
- 用水煮減少食材苦味

●如果食材帶有苦味或酸味，就用甜味或鹹味的調味料（譬如
菠菜加芝麻醬、橘皮果醬加蜂蜜、水煮蛋加鹽等等）

※ 營養師牧野直子提出的建議。

METHOD 92 和孩子一起「下廚」

⇨ 孕育五感的刺激體驗

與自己孩提時代相比，覺得現在親子聊天時間變少的父母正不斷增加中。

根據日本大型糖果糕點公司 Glico 格力高公司的調查，有愈來愈多的父母不但忙於工作和家事，而且**使用手機的時間比和小孩面對面聊天的時間更長**。

在這種情況下，親子一起做飯成了寶貴的溝通機會。

根據東京瓦斯都市生活研究機構的調查，**親子一起下廚的頻率越高，家人間就會感情愈好、幸福感愈高**。

✔ 該如何和孩子一起「下廚」呢？

在廚房培養五種感官

烹飪可以培育進行試吃時用的「味覺」；處理材料時用的「觸覺」；關注烹調中的變化時用的「視覺」；切蔬菜、咕嘟咕嘟地燉煮或煎烤時用的「聽覺」；嗅聞食材或烹飪時瀰漫的香氣的「嗅覺」。

清洗食材、攪拌鍋子、試吃味道，**即使只是幫忙做簡單的工作，也足夠刺激小孩的五種感官。**

學會基礎技能

想要活下去，烹飪技術是一項不可或缺的能力。如果能先學好**「煎、蒸、煮、炒」**這些基礎技術，無論去世界何處都能活下去。

小孩迎向的未來中，人口會減少，市場將逐步縮小。如此一來，去國外讀書或就職的人數可能會比從前還要多。

這種情況下，**讓自己能輕鬆做出習慣的口味**，會成為小孩將來的一大支柱。

首先，親子先透過這「4 種基礎」，共同體驗只用鹽和胡椒簡單調味，也能做出美味的料理吧。

培育對知識的「實際感受」

有教育現場的人感歎道**「現代的小孩雖然具備許多知識，卻缺乏實際上的智慧」**。

譬如「100 公克有多重？」「15ml 大概是多少分量？」「大的寶特瓶可以裝多少水？」許多小孩並沒有實際了解過。

在烹飪中量食材多寡時，小孩便能用各種感覺去理解體積和重量。

掌握了這些感覺後，當小孩在數學或理科的課業上，遇到

不合理的數字時，據說也會令他們產生直覺，質疑**「咦，這個數字很奇怪耶。可能計算上有哪裡不對」**。

交給孩子處理，讓他們擁有成就感

烹飪很容易令小孩獲得成就感。只要嘗到成就感，小孩就會產生幹勁。

想要配合孩子的步調進行烹飪，就要耗費時間和力氣，但是父母應該盡力不要出手幫忙，**無論對過程或結果也都別挑剔**。

父母應該一邊提出建議：「要不要在咖哩裡放入巧克力？」「要不要把牛奶替換成豆漿？」一邊**為孩子創造可以反覆摸索嘗試的契機**，而這也能培養孩子的創造力，進而令他們產生自信。

親子一起看食譜

即使把部分的準備程序，像是「切蔬菜」「裏麵衣」「揉成丸子狀」交給小孩處理，親子也要一起翻閱整份食譜，然後思考這些程序在整個烹飪中扮演什麼角色。

為什麼要把蔬菜切成細絲呢？為什麼裏麵衣的順序是固定的呢？**大人小孩共同思考諸如此類的「為什麼」，可提升小孩的能力**。

烹飪可以培育客觀觀察自己思考與行動的「後設認知能

力」。那是一種思考「自己是否有不足之處」「我該怎麼做才好」並解決問題的能力。

　　據說，後設認知能力從幼兒期後半段起便逐漸開始發育，然後從國小 3 年級開始發揮實際作用，並與學力及將來的工作能力有直接關係。

METHOD 93 做「便當」

⇨ 一邊傾注愛情，一邊簡化製作過程

小孩在吃便當的時候，經常會提起幫自己做便當的家人。便當是全家人無法一起圍著餐桌用餐時，聯繫家人的紐帶，小孩會在吃便當的同時感受到這一點。

話雖如此，但在忙碌的早上做便當，會讓大人感受一定的負擔。縱然便當中包含著愛意，不過大人還是會希望做便當時盡可能減少負擔。為了這個目標，**事先決定好便當類型將會方便許多**。

✔ 該如何聰明做「便當」呢？

均衡地裝入恰當好處的分量

營養師牧野表示，「關於便當內容物，基本上填裝時的表面積比例是主食：主菜：副菜＝2：1：1」。便當盒的選擇上，建議幼兒選用 300～400ml 的容量，國小低年級的話則選 500～600ml，高年級的話是 600～700ml。

至於便當盒尺寸，每大 1ml，放入便當的熱量也會增加大

約 1 大卡，因此**便當盒的尺寸（ml）與小孩所需的卡路里總量（kcal）幾乎一致**。

用麵包當主食也可以，但與麵包相比，白飯的脂質低且零鹽分，因此會更加健康。所以基本上，便當要填裝白飯。

配色以 5 種顏色為基準

年紀愈小的小孩，愈會「用眼睛吃東西」，因為**顏色能刺激小孩的食欲**。說到用 5 種顏色，大家可能覺得似乎很困難，不過日式玉子燒和水煮地瓜（黃色）、花椰菜和毛豆（綠色）、小番茄和酸梅（紅色）就已經有 3 種顏色，接著再放烤肉（棕色）、加入白飯（白色），就有 5 種顏色了。

利用「烹飪方式與味道的不同搭配」來取得平衡

倘若你無論如何都想從型式受限的「千篇一律的老套菜色」中跳脫出來，可以從「烹飪方式與味道的不同搭配」來下功夫。

牧野表示**「將烹飪方式和調味搭配出各種不同的組合，會更容易調整熱量與鹽分的平衡」**，並提出以下的具體建議。

烹飪方式		調味

炸

炒

烤 ✕

水煮

燉煮

- 鹹味（鹽、醬油、味增、調味醬、鹽麴）

- 甜味（砂糖、蜂蜜、果醬）

- 酸味（醋、酸梅、柑橘類）

- 辣味（咖哩粉、辣椒、黃芥末、日式黃芥末、柚子胡椒醬）

變換烹飪方式並搭配調味，就能享受到全新的味道與口感

使用冷凍食品

冷凍食品也能拿來有效利用。為孩子做便當，比起拘泥於手工烹調，最重要的是主食、主菜、副菜的均衡。**當菜餚不夠或沒時間做便當的時候，可以採用冷凍食品來均衡營養。**

購買冷凍食品的時候，不要老是買同樣的商品，應該更輪換製造廠商，選擇各種不同的菜餚。

「冷凍食品一旦解凍就會結霜，且味道變差，所以**只要開封之後，無論保存期限有多久，都要儘早用完**。沒用完的話，要立刻放回冷凍庫裡。至於花椰菜與綠色蔬菜，與其自己水煮後冷凍，不如使用冷凍食品會更好吃。」（牧野）

預先做好自家製的冷凍食品

牧野表示，為晚餐而做的薑燒豬肉、烤魚、漢堡排等菜餚**如果多做一點，再冷凍起來當便當用菜**，做便當時會比較方便（出自《徹底搞懂冷凍冷藏的食材保存大事典》〔冷凍・冷蔵がよくわかる食材保存の大事典〕）。全部都先調味好，煮熟之後冷凍起來，要使用再用微波爐加熱。

冷凍食品可以在冷凍狀態下直接加熱，不過，**如果前一晚就先放到冷藏庫讓它慢慢解凍，早上加熱會比較方便。**

湯品可活用保溫燜燒罐

像是咖哩、燉菜、關東煮、麻婆豆腐和豬肉什錦蔬菜味噌湯等等，則可以在早上重新加熱後，放進保溫燜燒罐裡，到了中午正好可以喝。

只不過「**一旦打開後，鍋子裡的溫度就會下降，細菌容易繁殖**，所以要事先告訴小孩打開後得馬上吃完。」（牧野）

有湯汁的菜餚要放入其他容器

牧野表示，便當酸臭的原因是「高溫」和「水分」。尤其是丼飯或炒飯、日式五目飯或日式什錦炊飯，食材水分多是導致臭酸的原因。

想吃丼飯的時候，要把**含有湯汁的菜餚放到其他容器裡，吃的時候再淋到白飯上。**

身為便當經典副菜的小番茄和花椰菜也要先用廚房紙巾擦掉水分後，再放進容器裡。蛋不要烹煮成半熟，要充分煮熟。

利用冷凍甜點來保冰

　　食物不光只有夏天才需要保冰，即使室外寒冷，只要室內溫暖，尤其是**暖氣附近的溫度很高，細菌很容易繁殖**。

　　牧野建議，「把拿來當甜點的果凍或水果放在其他容器裡預先冷凍的話，就能拿來當保冷劑使用了」。

　　葡萄柚等柑橘類（要先去皮）、可以連皮吃的葡萄和罐頭水果都能拿來當冷凍的水果。

溝通力

思考力

自我肯定感

創造力

學力

體力

活用「當季盛產」的食物

➾ 將大自然的循環納入飲食

　　「當季盛產」的蔬菜和水果**最好吃且營養價值最高**。現在有些食物已經沒有盛產季節區別，全年一直都有販售，不過，它們大多是溫室栽植或從國外進口的。

　　當季盛產的食材會配合季節調節我們的身體狀況，例如炎熱的夏天有小黃瓜和茄子能使人體降溫，寒冷的冬天有可以用鍋子燉煮的白蘿蔔和白菜，以及富含維生素 C 的橘子可預防感冒等等。尤其從古至今，大家都認為日本料理就是要好好享受當令食材，因此，在晴之日（祭典之類的特殊日子）的特殊節日料理中，也使用了大量當令食材。讓孩子知道當季盛產的食材，不僅吃的時候能獲得營養，還能讓他們**透過五種感官感受四季，是手邊就能做且簡便了解傳統的方法**。

✔ 要怎麼做才能活用「當季盛產」食物呢？

了解當令食材，告訴小孩相關知識

　　所謂的當令食材，是指食材在最舒適的時期裡生長，所以

會長得比較健康，可以大量收穫。因為這緣故，它們**不僅營養價值高，價格也更便宜**。

　　例如，露天栽種的菠菜盛產季節是冬天，這時期採收的菠菜維生素 C 是夏天菠菜的 3 倍。若是番茄，夏天收成的番茄內含的 β 胡蘿蔔素是其他季節的 2 倍。

　　秋刀魚和沙丁魚在秋天不僅變得肥美好吃，據說**其中可活化大腦和有效預防生活習慣病的 DHA 和 EPA，也是春天和夏天的 2～3 倍**。

　　我們的身體會隨著季節變化，炎熱的時候想要吃「可以讓身體降溫的食物」，寒冷的時候則想入口「能溫暖身體的食物」，而當季盛產的食材正好符合人體的需求，因此我們會覺得很美味。

　　父母本身要去吸收當令食材的資訊，然後活用到每天的飲食中，教導小孩關於當令食材的知識。

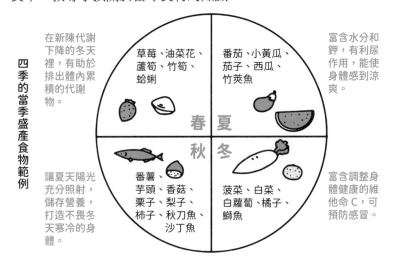

四季的當季盛產食物範例

在新陳代謝下降的冬天裡，有助於排出體內累積的代謝物。

草莓、油菜花、蘆筍、竹筍、蛤蜊

番茄、小黃瓜、茄子、西瓜、竹莢魚

富含水分和鉀，有利尿作用，能使身體感到涼爽。

春　夏
秋　冬

讓夏天陽光充分照射，儲存營養，打造不畏冬天寒冷的身體。

番薯、芋頭、香菇、栗子、梨子、柿子、秋刀魚、沙丁魚

菠菜、白菜、白蘿蔔、橘子、鯽魚

富含調整身體健康的維他命 C，可預防感冒。

善用「熟食」

⇨ 留意鹽分與油脂並靈活運用

近來，雙薪家庭的比例已經超過全家庭總數的 6 成，天天不間斷地煮飯做菜成了一件苦差事。所以，「微波食品」的市場現在正不斷擴大。所謂的微波食品，就是熟食和超商便當之類的現成食物，大家可以買回家裡吃。

根據「2018 年版熟食白皮書」（一般社團法人日本熟食協會），2017 年的熟食市場規模已經超過 10 兆日圓，大約比40 年前的調查增加了 10 倍以上。

利用微波食品，因為不必花工夫做餐前準備與餐後收拾，所以大人可以和孩子共度悠閒時光。

另外，如果挑選平時家裡不會煮的菜色，**小孩也有機會接觸新口味**。

✔ 要如何活用「熟食」呢？

調淡口味

「人類體內的鹽分濃度為 0.8 ～ 0.9%，攝取相同濃度的

鹽分對身體最好，也最容易讓我們有好吃的感覺。」營養師牧野表示。

然而，微波食品為了在冷掉以後也讓大家覺得好吃，常常**會放入比上述數值更重的調味料，因此大家要小心別攝取過量的鹽分**。

尤其是到國小階段為止的兒童，WHO 建議攝取的鹽分濃度應該低於成人，而微波食品的調味對兒童來說往往太重。

一旦習慣了重口味，人類的味覺只會追求更重的味道。為了小孩著想，用「把調味醬或沙拉醬分量減半」「把家裡的蔬菜拌進去」這些方式來調淡口味會比較好。

留意油脂

微波食品裡，往往會把高油脂的東西疊加在一起。油炸食物會讓人想搭配沙拉，可是微波食品的沙拉商品又大多會淋上一堆沙拉醬。

牧野表示，沙拉醬中含有大量油脂，**若吃油炸食物而把油脂吃下肚的情況，應該搭配燙青菜或醋拌涼菜**，以防攝取過多油脂。

油脂高，不但卡路里也高，身體也需要花時間消化，疲勞感會難以消除。

牧野建議：「在超商等地方幫孩子購買輕食或便當的時候，與其買油炸食物，不如**買 2 個包著鮭魚、鱈魚子或雞絞肉**

等蛋白質內餡的飯糰，搭配 1 種蔬菜類熟食，這樣的組合比較容易維持營養均衡。當小孩自己去超商時，也要事先教導他們這樣的搭配。」

不用對添加物太過神經質

給小孩吃微波食品的時候，我們一定都會在意裡面含有的添加物。大人應該養成檢查食品標示的習慣，**儘量選擇添加物較少的商品**。話雖如此，不過日本的安全標準很嚴格，尤其是大型超商、超市和百貨公司，都會進行嚴格的品質控管，注意食品安全性。

牧野說：「食品添加物的安全性是由含量多寡來決定，**如果沒有每天一直吃大量的超商食物或熟食，就沒必要過度擔心。**」

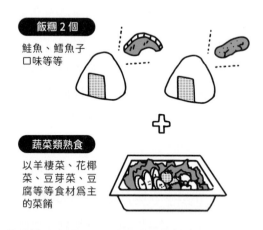

飯糰 2 個
鮭魚、鱈魚子口味等等

蔬菜類熟食
以羊棲菜、花椰菜、豆芽菜、豆腐等等食材為主的菜餚

把熟食運用到輕食時，可用含有蛋白質的飯糰搭配蔬菜

METHOD 96 獲得「免疫力」

⇨ 打造不易生病的強健身體

現代的消毒殺菌方法無微不至，環境衛生比以前好了很多，父母的衛生意識也比從前高了好幾倍，讓小孩可以在乾淨的環境中放心生活。

但相反地，**小孩接觸微生物的機會跟著減少**，而這也成為他們「免疫力」變差的原因之一。

隨著電腦和網路的進化，運動、睡眠不足，或覺得壓力大的小孩人數不斷增加，這些問題也造成免疫力下降。

假如免疫力提高，不只比較難罹患感冒等傳染病，**血液循環也會變好**，大腦與身體的活動也會更有活力。

✔ 要怎麼做才能獲得「免疫力」呢？

攝取蛋白質，鍛鍊肌肉

白血球裡聚集了負責免疫工作的細胞，體溫上升時，血液流速變快，白血球在身體內循環，免疫力因而得以發揮。

想要提高體溫，就必須使身體內部發熱。肌肉會不斷代謝

熱量，製造體溫，因此**攝取充分的蛋白質、鍛鍊肌肉**很重要。

蛋白質也是免疫細胞的原料，所以肉類、魚類、牛奶和豆類都要均衡攝取。

吃各種不同的菜色

人體內的免疫細胞有 60% ～ 70% 位於腸道裡。**發酵食品和膳食纖維、寡糖可以提高我們的免疫功能**。所謂的發酵食品，包含納豆、味噌、起司和優格。

而且，我們不僅要調整腸道環境，還必須活化免疫細胞。

想要活化免疫細胞，則需要蛋白質。維生素有助於細胞的免疫功能，鋅之類的礦物質則是保護免疫細胞的必需營養素。

如上所述，免疫力與許多營養素息息相關，不過用不著每餐都複雜地計算營養量，只要依照第 330 頁的內容，以「主食：主菜：副菜 ＝ 3：1：2」的比例**攝取各種不同的菜色，認識「當季盛產的食材」，便自然而然可以維持營養均衡**。

到戶外玩耍

人類可以藉由接觸紫外線自行合成的維生素，是「維生素D」。**維生素 D 則與預防癌症、自體免疫疾病及傳染病的發病有關**。

根據東京慈惠會醫科大學的浦島充佳教授等人的研究，倘若在流感開始盛行之前，就有意識地攝取維生素 D 的話，發病

機率就會減半。雖然鯖魚等魚類，以及椎茸等菇類中含有維生素 D，但只靠食物還是不夠。

　　紫外線常常被大家認為是有害的，可是，只要避免在紫外線強烈的時段內露出大面積地曝曬，**只是在戶外玩耍或散步短短 30 分鐘，便能合成大量維生素 D，提升免疫力**。

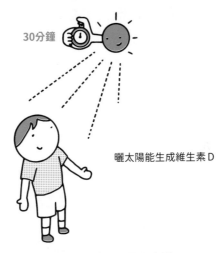

30分鐘

曬太陽能生成維生素 D

每天在戶外進行 30 分鐘左右的日光浴

有充足的睡眠

　　睡眠不足會降低免疫力。早稻田大學人間科學部的前橋明教授表示，只要多多活動身體，調整睡眠節奏，自律神經的運作就會變好，體溫過低之類的體溫異常症狀就會減少。

　　讓小孩到戶外玩耍的同時，也要**讓他們有充足的睡眠，才能使體溫穩定，增強免疫力**。

活動「身體」

⇨ 塑造不易受傷的身體

從高低落差不大的地方跳下來，就腳踝骨折；跳跳箱時失去平衡、跌倒，結果雙手手腕骨折……像這樣因為一些小事而骨折的兒童人數正逐步增加。

想要讓骨頭變堅固，最佳方式是進行對骨骼施壓的運動。

京都府立醫科大學的保田岩夫醫師在日本因研究骨折而聞名，他的研究顯示，對骨骼施加壓力而產生的振動會形成負電，然後，這些負電會招來鈣質，讓鈣質沉澱到骨頭裡，**使骨細胞更具活性**。

給骨骼施加壓力的運動，包含了日常戶外玩耍及運動，譬如跑步、跳躍、踩踏。

均衡使用身體的每個部位

而另一方面，積極投入運動的小孩，也會因為給特定部位帶來過度負擔，而引起身體的機能障礙。

倘若過度專攻某一項運動，就會偏重那種運動所使用的部位，而**損害到全身的柔軟性及平衡**。

面對處於骨骼成長期的小孩，重點在於讓他們在日常生活中常變換動作，不要勉強自己，**盡量使用全身所有的部位**。

✔ 怎麼做才能有效地活動「身體」呢？

運動時間以「每天 1 小時」爲佳

從幼兒、小學生，到國中生階段，以每天到戶外玩耍或運動 1 個小時左右最為恰當。

縱使想多運動一下，也要**以 2 個小時為限，並且在長時間運動的第 2 天好好休息**。譬如打棒球時，連續幾天不斷投球，這會導致骨骼在成長過程中受壓迫，反而會損傷骨骼。

如果持續感到疼痛，要請專業醫師診察

假如出現了疼痛持續 1 星期以上的症狀，就要找專業醫師看診，因為早期發現就能早期治療。

模仿動物的姿勢，做體操

「骨骨操」是由物理治療師團隊 KIDS PROJECT 小組所審訂的一種**培育骨骼的體操**，小孩可以徹底化身為動物，一邊玩耍一邊對骨頭施加壓力。

濱脇骨科復健中心院長村瀨正昭醫師建議：「骨骨操讓小孩在模仿動物的同時，也能打造肌肉和強健的骨骼，而做骨骨

操的重點在於**必須搭配充分伸展全身的暖身操，以及體操後的冷卻收操一併進行**。包含骨骨操在內，每天盡可能讓小孩運動身體 1 個小時，這對處於成長期的他們來說相當重要。」

培育骨骼的骨骨操

暖身操

●長頸鹿姿勢

雙臂向上用力伸展，脖子前後左右緩緩轉動。放鬆頸子，加大轉動範圍。

●貓咪姿勢

吸空氣吸到好像要把你的肚子凹到最底最底，邊彎曲背部成圓弧形。

一邊吐氣，一邊往後仰。以活動軀幹部位的感覺做這個動作。

●學青蛙跳

像青蛙一樣把手撐在身體前方，縮起身體，積蓄力量。

靠腳的彈力，盡全力咚地跳遠一點。

重點
從蹲著的地方，一口氣靠著爆發出的力量，往上跳。著地的衝擊力道可以喚醒骨骼，並鍛鍊下半身的肌肉與軀幹。

●學小鹿斑比，小跳步前進

雙手叉腰，用右腳往前跳，用右腳著地。

接著立刻邁出左腳，一樣用左腳跳、用左腳著地。

接著，想像自己是小鹿斑比，先右腳跳再換左腳跳，左右腳輕快交互跳、往前走。

重點
如果孩子做不出小跳步，只要在原地腳輪流單腳跳就行了。充滿節奏感的舒適衝擊力量，能給全身骨骼帶來良性的刺激。

● 模仿大象砰砰走

重點
要領是像相撲選手左右腳用力舉高踏地。因為很難保持平衡，所以剛開始低一點，接著才慢慢把腿抬高。

想像自己是走在熱帶草原上的大象，邁開雙腳砰砰砰地、慢慢往前走。

● 模仿傘蜥蜴縮起來 & 張開四肢

重點
利用瞬間爆發力往上跳。像是要把傘狀薄膜用力撐開似的，盡全力張開手腳。

如傘蜥蜴在尋找「好吃的螞蟻」般蹲下來。

看到天敵貓咪！雙手雙腳用力張開，威嚇地跳起來！

● 模仿袋鼠高高跳起

重點
細瘦的手垂放在身體前，想像自己變成後腿又粗又壯的袋鼠，享受一下子輕輕跳、一下子用力跳的不同變化。

雙腳先往前跳，再往後跳，然後往左跳，再右跳，隨心所欲地前後左右跳動。著地時膝蓋要微微彎曲做緩衝。

出自：KIDS PROJECT 團隊審訂的「用動物姿勢做骨骨操」
（「身體聲音 for Kids［からだの音 for Kids］」2018 年夏季刊）

METHOD 98 做「運動」

⇨ 悠閒享受形形色色的競賽

　　許多人高聲疾呼，由於外出遊玩的時間和場所減少，導致小孩體力變差，但另一方面，卻也**有許多小孩從小就全神投入運動，以成為職業選手為目標**。最近在各式各樣的競賽中，活躍於世界舞台上的選手慢慢增加，因此燃起夢想的小孩可能也變多了吧。

　　然而，不斷重複相同動作造成**「運動過度」**，會引發骨骼、肌肉或韌帶等部位疼痛的「運動傷害」，這已造成問題。研究孩童運動傷害的村瀨正昭醫生敲響了警鐘，並表示「小孩的骨骼強度就跟 7、80 歲的老人一樣。因為國小低年級孩童的肌肉更虛弱，所以大人必須更加留意」。

　　據說，成長期的骨頭上，有一種促使骨骼往兩端生長的重要「生長板」，如果**因為繁重的練習而反覆在這個軟骨層上施加負擔，就會產生傷害**。

　　有時候會引起發炎、骨頭剝離或斷裂。倘若沒有及時進行適當治療，骨頭會這樣定型，無法恢復原狀，有的人即使長大了也會為疼痛所惱。

尤其**小孩正在長高的時期，骨骼還很柔軟**，所以，為了預防受傷，不要勉強他們進行負擔很大的練習很重要。

　　如何好好地做「運動」呢？

享受各式各樣的競賽

　　歐美的小孩早已**習慣會隨著季節而改變競賽項目的「綜合性運動」**，例如棒球、足球、籃球。透過體驗五花八門的項目，不僅增加了小孩找到潛在可能性的機會，還能運動身體的各個部位，打造協調性佳的身體。

　　活躍於美國職棒大聯盟的大谷翔平選手在國小時代不僅打棒球，還學習游泳，據說是為了訓練關節的柔軟度。可見多項目的綜合性運動的優點廣受世人矚目。

透過「綜合性運動」，讓身體均衡活動

小心運動過度

為了防止運動過度，村瀨醫生建議**每天都做不同的動作**。

舉例來說，如果平常在練棒球，那就今天練跑步；隔天練空手揮棒，運動上半身；有時採不同的姿勢，練右打和左打。

運動前後要做伸展操

為了保護發育中的柔軟骨骼，不讓肌肉或韌帶的纖維組織感到疼痛，運動前後一定要做伸展操。**在運動前做廣播體操，可使肌肉溫度升高，身體變柔軟，血液循環會變好。**

由於運動後、疲勞的肌肉堆積了乳酸這類疲勞因子，所以要一邊深呼吸一邊做伸展操，讓身體慢慢冷卻下來。

肌肉發炎時，冰敷

冰敷可以有效抑制肌肉發炎，加快恢復。

「RICE」處理法是一種廣為人知的抑制發炎和患處傷勢的方法。

首先要讓患者休息（Rest），用冰塊冰敷患處（Ice），患處腫脹時要輕輕加壓（Compression）後，用繃帶包紮，把患處抬到高於心臟的位置（Elevation）約 20 分鐘。

RICE 是發生挫傷或跌撞傷時，不可或缺的急救處理法。

METHOD 99

培養孩子的「咬合力」

⇨ 常常咀嚼可以增強大腦和身體

現在，日本在全世界屬於兒童蛀牙較少的國家。昭和 40 年代時，有 9 成以上的兒童有蛀牙，但現在沒有蛀牙的小孩反而比較多；小學生的蛀牙人數則是 45%，也是有史以來新低。

然而，另一方面，由於飲食生活變成以能在短時間內吃完的柔軟食物為主，因此，據說**無法好好咀嚼的小孩人數正不斷增加**。仔細咀嚼食物能大幅增加腦部血液流動量，促使大腦活化，記憶力變強等等，**咀嚼動作也會促進學習效果的提升**。

鑽研兒童咬合力的牙醫增田純一表示，咬合力差的兒童，嘴巴周圍的肌肉和下巴會比較無力，造成嘴巴一直張得開開的。而處於「嘴巴張開」狀態的兒童會變成用嘴巴呼吸，造成喉嚨乾燥，容易感染病毒和細菌，**扁桃腺也會常常處於腫脹狀態，免疫力會變差**。此外，由於嘴唇也變乾燥，除了會裂開或出血，也是造成牙齦炎和口臭的原因。

擁有咬合力的話，便能鍛鍊嘴巴周圍的肌肉，也就能一直閉著嘴巴用鼻子呼吸，比較不易罹患感冒。咬合力不僅能活化腦部，**還與整個身體的健康息息相關**。

✔ 要怎麼做才能培養「咬合力」呢？

做「啊咿嗚杯體操」

　　為了鍛鍊咀嚼時必須用到的肌肉，今井一彰醫生發明了一種名叫「啊伊嗚杯體操」的訓練方法。

　　① **「啊──」**，張大嘴巴
　　② **「咿──」**，把嘴巴往左右兩邊大大拉開
　　③ **「嗚──」**，把嘴唇向前嘟起
　　④ **「杯──」**，伸出舌頭向下伸展

　　今井醫生建議每餐飯前各做 10 次這個體操，每天共做 30 次。不管是否發出聲音都沒關係，每次都要慢慢做，這樣不但可以鍛鍊嘴巴周圍和舌頭肌肉，還能促進免疫機能的提升。

啊
一邊說「啊──」，一邊把嘴巴張大到可以看見喉嚨深處

咿
一邊說「咿──」，一邊把嘴巴往左右兩邊拉開，直到能看見牙齒

嗚
一邊說「嗚──」，一邊嘟起嘴唇

杯
一邊說「杯──」，一邊把舌頭伸展到下巴尖端

「啊咿嗚杯體操」的做法
出自：今井一彰著，《原來如此呼吸學：用啊咿嗚杯體操培育呼吸》。
（あいうべ体操で息育 ─なるほど呼吸学）

保持口腔清潔

牙齒一旦蛀牙，就容易破壞神經，不僅會導致咬合力變差，與大腦相連的神經也會形成中斷狀態，**對大腦的成長也會產生不良的影響**。想要好好咀嚼，保持口腔清潔不讓自己蛀牙，是不可忽略的重點。

附帶一提，最容易產生蛀牙的時間是睡覺期間。如果睡覺前仔細刷好牙，睡覺期間牙齒便能處於乾淨的狀態，也就能預防蛀牙。**早上起床的時候馬上仔細漱口，也可以預防蛀牙。**

如果遇上無法每餐飯後去刷牙的日子，則必須起床後馬上漱口，以及睡覺前認真刷牙。

1 口咀嚼 30 下

日本厚生勞動省提倡的「咀嚼 30」運動裡，大力宣傳咬合力可以預防生活習慣病，也能促進健康，建議大家每一口食物都要咀嚼 30 下。

嚼口香糖

增田醫生表示，如果小孩在牙醫的指導下，進行**用臼齒好好嚼口香糖的訓練**，有的人咬合力會提升 2 倍。嚼口香糖的時候，不要只用單邊牙齒，要特地用兩側的臼齒去咀嚼。

至於選擇何種口香糖，請到牙科診所與藥局購買，**木醣醇含量在 90% 以上的種類**。木糖醇是不容易導致蛀牙的甜味劑。

METHOD 100 保護「眼睛」

⇨ 在手機時代更應該好好保養

根據日本文部科學省所進行的「學校保健統計調查」（平成 30 年度）顯示，「裸視未滿 1.0」的小孩比例在幼稚園是 26.68%、小學是 34.11%，創下小學史上的最高紀錄。

「裸視未滿 0.3」的學童在小學裡占不到 1 成，升上高中後卻攀升至大約 4 成，無論在小學或高中，這樣的比例都是歷史上的最高紀錄。

雖然說近視也有遺傳的因素影響，不過，**小孩減少外出玩耍的時間，使用電子設備的時間增加，被大眾認為是近視的最大主因。**

電子設備散發的藍光離視網膜愈近，能量就會愈強，看的距離愈近，照射到的藍光量也會愈多。尤其是小孩眼睛的對焦調整力強，**進入眼睛的光線量也比大人多了好幾倍**，因此很容易受到電子設備所散發的藍光影響。

此外，大人 1 分鐘眨眼 15 ～ 20 次左右，但由於小孩包覆角膜的淚膜很堅固完整，所以 **2 ～ 3 分鐘不眨眼也能持續看著畫面**。

可是，長時間盯著畫面，眼睛會充血，並因乾燥而發生角膜障礙。

包括國小也是，由於必修程式設計課、引進電子黑板及平板電腦等等因素，**小孩使用電腦或平板電腦的時間正逐步增加**，因此，為了守護眼睛健康，必須進行必要的保養。

✔ 如何保護「眼睛」呢？

每天在戶外遊玩 30 分鐘

慶應義塾大學醫學院的眼科醫生綾木雅彥特聘副教授是研究藍光的權威，他建議大家，**陽光中所含有的紫光（violet light）具有能抑制近視加深的效果**，所以建議大家去戶外遊玩，沐浴陽光。

小孩的近視加深也是全世界的問題，新加坡就針對兒童眼睛保養，推出了**推薦小孩 1 天去戶外遊玩 30 分鐘**的政策。

眼睛要與螢幕保持距離

據說，藍光的影響與它和眼睛之間的距離平方成反比。譬如，20 公分和 2 公尺相比，**距離 20 公分時的影響，是距離 2 公尺時的「100 倍」**，影響非常大。

大多數情況下，大家在看電視時都距離 1 公尺以上，所以影響很小，但使用智慧型手機時，離臉大約只有 20 公分；使

用電腦時距離只有 40～50 公分，藍光的影響反而較大。

　　長時間使用筆電或平板電腦的時候，**若外接顯示器的話，使用者與畫面的距離就能保持 60～70 公分左右**，如此便能緩解藍光的影響。

看了 20 分鐘畫面後，要讓眼睛休息

　　美國眼科學會建議大家使用「20-20-20 原則」。每隔「20 分鐘」就看距離「6 公尺」以外的事物；看「20 秒」以上，讓眼睛休息。

　　看了 20 分鐘的螢幕後，**再看看遠處、閉上眼睛，讓緊繃的眼睛休息。**

每隔 20 分鐘，就要看 6 公尺距離以外的地方，看 20 秒以上

結語

　　既是修女，也是教育家的渡邊和子女士在她的著作《在落地之處開花：無論在何種境遇，你都能閃耀發光》中，有下面這樣一段話。

　　「有時候無論如何也開不了花。例如在強風大雨時，或是連日乾旱而無法開花的日子。這時候用不著勉強自己開花。不過相對的，為了讓下一次綻放的花變得更大更美麗，我們要不斷往下再往下地扎根，並讓根鬚好好伸展開來。」

　　如果把小孩比喻成花朵，有的小孩可以早早地綻放出又大又美麗的碩大花朵，有的小孩卻我行我素，連花苞都遲遲沒長出來。但是，我們卻不自覺地拿碩大的花朵比較，然後變得焦躁、沮喪。

　　花朵還沒綻放。

　　父母在養育子女的時候，或許常常會產生這樣「充滿挫折」的感覺。

　　可是，那個時候小孩肯定正往下再往下地扎根。

　　本書用了將近 400 頁的篇幅介紹了很多具體對策。不過，這全是父母為了讓自家孩子綻放出屬於自己的花朵，所能給出的類似水、堆肥及支持般的東西。

但父母卻無法按照自己的想法，去控制孩子攝取養分的時機、數量及利用方式。

因為，無論是父母子女，還是兄弟姊妹，每個人綻放的花朵都各不相同。

所以說，縱使孩子一直處於花苞狀態，大家也不用慌張、焦急。為了開出屬於自己的那朵獨一無二的花，我相信小孩不斷往下再往下扎根的那股力量。

在這個資訊爆炸的世界裡，信任別人這件事已經逐漸變得非常困難，在各位讀者的教養、育兒過程中，本書如果能成為大家「信任」孩子所擁有力量的墊腳石，我會很高興。

＊　＊　＊

匯集這本書的資料時，我真的獲得了很多人的援助。

上智大學短期大學部英語科教授狩野晶子、Wonder Lab 股份有限公司董事長川島慶、Cookpad 股份有限公司小竹貴子、一般社團法人 alba edu. 代表理事竹內明日香、Curio School 股份有限公司董事長西山惠太、濱脇骨科醫院理事長濱脇澄伊、濱脇骨科復健中心院長村瀨正昭、東京大學大學院情報學環講師藤本徹、有限會社食工作室老闆／營養師牧野直子、法政大學文學院心理學系教授渡邊彌生，以上各位在百忙之中給了我莫大的指導，想藉此機會再次表達我衷心的感謝。

不僅如此，如果沒有過去這段時間在採訪現場所累積的經驗，就不會有這本書的誕生。

感謝《PRESIDENT Family》編輯部的鹿子島智子、金子祐輔，因為許多寶貴的採訪機會和仔細的報導製作，讓我獲得許多發現及學習機會。

感謝在我想挑戰拓寬工作領域的時候，總是爽快答應，並給我成長機會的「ReseMom」網站主編田村麻裡子，以及謝謝為了這本書，在各個地方協助不熟悉 ICT 的我，並給予支持的同編輯部的田口里美。

此外，也要感謝前鑽石社的山下覺，用「因為是加藤，所以才能辦到」的理由，把我從書本世界裡拉出來。還要感謝我的責任編輯三浦岳。本書耗費了 1 年以上的時間，因為是第 1 本著作，所以我很沒信心，但責任編輯一邊用父母般的同理心包容我，一邊持續不斷地鼓勵我。同時感謝插畫家大野文彰，用溫柔的筆觸讓整本書充滿溫暖氛圍。

最後我也要感謝親愛的媽媽友，在跌宕起伏的育兒生活中，我們相互鼓勵，彼此安慰，一路走到了今天。

真的非常感謝各位的協助。

接著，我要把這本書獻給我的家人，因為他們包容我這個媽媽的沒用和不成熟，一直支持我這份工作。當然也要獻給我的父母，因為他們在 3 個女兒於各自發展領域內做出一番成績前，甚至連還在扎根的時期，都不慌不忙溫柔地守護、相信我

們，從容不迫地養育我們長大。

2020 年 4 月 加藤紀子

※ 本書參考資料，請至以下網址下載：

http://www.diamond.co.jp/go/pb/kosodate100.pdf

Eurasian Publishing Group 圓神出版事業機構
用心與你對話 · 視野無限寬廣

先覺出版社 Prophet Press

www.booklife.com.tw   reader@mail.eurasian.com.tw

關懷教養 024

寫給忙碌父母的育兒百事

一本搞定，專家認證有效，對孩子最重要！

作　　者／加藤紀子
譯　　者／蕭嘉惠、黃瓊仙
發 行 人／簡志忠
出 版 者／先覺出版股份有限公司
地　　址／臺北市南京東路四段50號6樓之1
電　　話／（02）2579-6600 · 2579-8800 · 2570-3939
傳　　真／（02）2579-0338 · 2577-3220 · 2570-3636
總 編 輯／陳秋月
資深主編／李宛蓁
責任編輯／林亞萱
校　　對／李宛蓁 · 林亞萱
美術編輯／蔡惠如
行銷企畫／陳禹伶 · 黃惟儂
印務統籌／劉鳳剛 · 高榮祥
監　　印／高榮祥
排　　版／莊寶鈴
經 銷 商／叩應股份有限公司
郵撥帳號／ 18707239
法律顧問／圓神出版事業機構法律顧問　蕭雄淋律師
印　　刷／祥峰印刷廠
2021年6月　初版

KOSODATE BEST 100
by Noriko Kato
Copyright © 2020 Noriko Kato
Complex Chinese translation copyright © 2021 by Prophet Press,
an imprint of Eurasian Publishing Group.
All rights reserved.
Original Japanese language edition published by Diamond, Inc.
Complex Chinese translation rights arranged with Diamond, Inc.
through Future View Technology Ltd.
Illustrations: Fumiaki Ohno

定價 430 元　　　　　ISBN 978-986-134-384-6

讓孩子拿智慧型手機看 YouTube，趁著他們不吵不鬧，爭取時間打理家事，並不能稱為「數位教育」。遇到孩子在電車中吵鬧，就趕緊用影片或手機遊戲讓他們安靜下來，也不能算。不過，如果家長轉個想法，慎選數位工具，這些行為或許就能從「手機保母」變成「數位教育」。

——《你的孩子是未來的孩子》

◆ **很喜歡這本書，很想要分享**

圓神書活網線上提供團購優惠，
或洽讀者服務部 02-2579-6600。

◆ **美好生活的提案家，期待為您服務**

圓神書活網 www.Booklife.com.tw
非會員歡迎體驗優惠，會員獨享累計福利！

國家圖書館出版品預行編目資料

寫給忙碌父母的育兒百事：一本搞定，專家認證有效，對孩子最重要！ /
加藤紀子作；蕭嘉惠、黃瓊仙譯 .-- 初版 .-- 臺北市：先覺出版股份有限公司 , 2021.06
　　384 面；14.8×20.8 公分 --（關懷教養；24）

　　ISBN 978-986-134-384-6（平裝）
　　1. 親職教育　2. 子女教育

528.2　　　　　　　　　　　　　　　　　　　　　110005856